雅典3000年

一座城市里的欧洲文明史

B.C.800

A.D.2000

［法］雅克·伯萨尼——著

喻薇——译

HISTOIRE D'ATHÈNES

敦煌文艺出版社

图书在版编目（C I P）数据

雅典 3000 年 /（法）雅克•伯萨尼著 ； 喻祺译． --
兰州 ：敦煌文艺出版社，2020.12
ISBN 978-7-5468-1995-2

Ⅰ．①雅… Ⅱ．①雅… ②喻… Ⅲ．①雅典（古国）－
历史 Ⅳ．①K125

中国版本图书馆 CIP 数据核字（2020）第 259041 号

雅典 3000 年
[法] 雅克・伯萨尼 著 喻祺 译

责任编辑：赵 静
封帧设计：水玉银文化

敦煌文艺出版社出版、发行
地址：（730030）曹家巷 1 号新闻出版大厦
邮箱：dunhuangwenyi1958@163.com
0931-8152172（编辑部）
0931-8773112 0931-8120135（发行部）

河北景丰印刷有限公司印刷
开本 710 毫米 ×1000 毫米 1/16 印张 16 插页 1 字数 180 千
2021 年 3 月第 1 版 2021 年 3 月第 1 次印刷
印数 1 ~ 6 000

ISBN 978-7-5468-1995-2
定价：68.00 元

献给尼古拉

没有他，我将永远不会开始编写这本书

献给娜迪

没有她，我将永远无法完成这本书

目录

SOMMAIRE

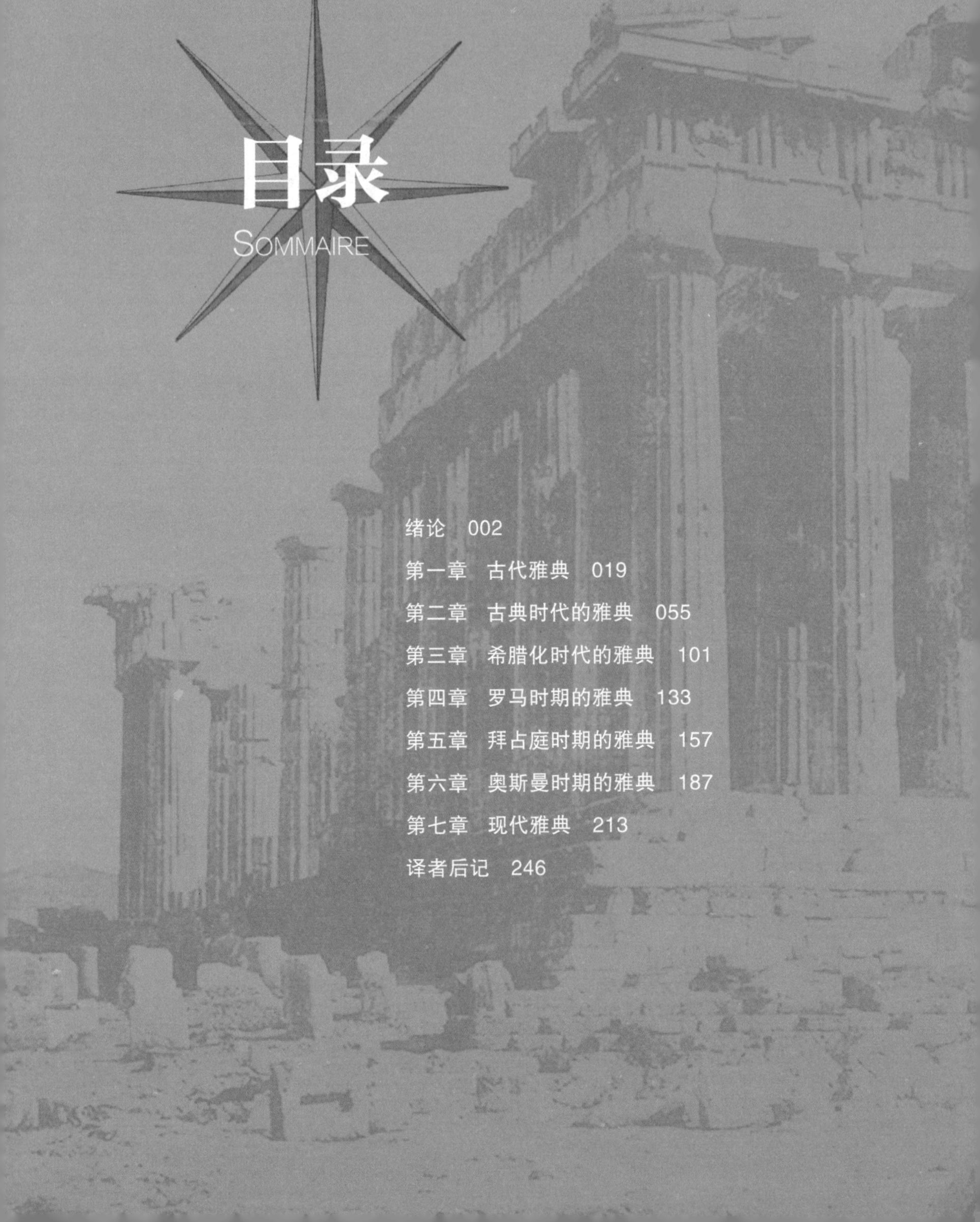

绪论

INTRODUCTION

翁贝托·埃科（Umberto Eco）曾为描绘君士坦丁堡的书籍中最精彩的一本作过序。在这篇还未曾译为法语的序言中，他思考了关于不同城市所给予我们的呈现方式问题："在某一类城市里，我们会突然感觉沉醉其中，甚至都没时间去从远处有距离地感受它们，就像伦敦、罗马和巴黎那样；而在另一类城市中，我们只能慢慢地、一点点地去体会它们，这让我想起了我们从海上或是从机场走高速公路才能到达的纽约。"在为2004年雅典奥运会而建的新机场启用前，我认为雅典更多地属于第二类城市。无论是乘船抵达比雷埃夫斯港（le Pirée），还是坐飞机到达海滨的赫利尼康老机场（Hellinikon），前往雅典的路线基本上都是同一条：在经过几公里尘土飞扬的林荫大道后，在探索的兴奋或返乡的慰藉中，雅典卫城（l' Acropole）便逐渐展现在您的眼前。

没有人能比谷克多（Cocteau）更引人入胜地描绘这类经历了，因为他的创作总是富有幽默感。1936年，这位作家说服了时任《巴黎晚报》的经理让·普罗沃斯托斯先生（Jean Prouvost），让他和他的朋友马塞尔·基尔（Marcel Khill）追寻英雄儒勒·凡尔纳（Jules Verne）的足迹，也尝试在八十天之内环游世界。离开罗马之后，他们来到了雅典。他们俩在比雷埃夫斯港一下船，就赶上了一辆巴士。一位戴着眼镜的年轻女打字员就在谷克多前面坐着，与其说是坐着，还不如说是站着，并且一手叉着腰。“透过这位女士的上身和手臂组成的三角形缝隙，我们可以隐约看到土伦郊区的风景。我正打着盹儿，却被巴士的颠簸声吵醒，并且瞬间惊讶地睁大了双眼。我看到了什么呢？在这位女士的身体形成的缝隙里，我看见了一个破败的、长而矮的小笼子，很像小孩子用草编来关蝈蝈儿的笼子。这个笼子横亘空中，并且周围没有任何东西。是什么呢？我的心开始剧烈跳动。这个开了口子的小笼子……是什么呢？啊，对了！是它！是帕特农神庙！”

对于那些坚持从陆路前往希腊旅行的冒险者来说（我曾经也是其中一员），还有一个从西边通向雅典的入口，这条路线大致沿袭了以埃莱夫西纳（Éleusis）为起点的古代圣路。密集的车流量使得我们没有闲情雅致去欣赏沿途的风景，更别说去思索历史的变迁，就像夏多布里昂（Chateaubriand）曾做到的那样，或者说，就像他想让我们相信他在1806年做到的那样：“那些来凯克洛普斯城（La ville de Cécrops）游览的旅客，通常是通过比雷埃夫斯港或经由内格罗蓬特路线（la route de Négrepont）到达的。他们其实错过了一部分景致，因为当人们从海上来的时候，通常只能看到城塞，当从优卑亚岛（L’Eubée）下来的时候，安切斯梅山（l’Anchesme）便会阻断其视野。但命运为我指引着正确的道路，使我欣赏到了雅典所有的辉煌。”其实这位旅行者应该感谢的是他自己,而不是命运。米歇尔·德·杰赫尔（Michel de Jaeghere）已经论证过这个很多专家都质疑的观点：夏多布里昂其实就是通过比雷埃夫斯港到达的，就像布萨尼阿（Pausanias）在几个世纪前做到的那样，只不过他在事实描绘中加入了主观色彩。老实说，其唯一重要的影响便是成为法国文坛上最美的篇章之一。

帕特农神庙遗址

这些从南边或西边到达雅典的不同路径，其实已经不太常用了。如今绝大多数旅客都选择乘坐飞机抵达埃莱夫塞里奥斯·韦尼泽洛斯国际机场（Elefthérios Vénizélos）。因为这个机场位于雅典以东，距离城市还有一定的距离，所以还需要沿着夏多布里昂所说的“内格罗蓬特路线”继续前行。了解的程度逐渐加深，能欣赏到的景色便更加绝妙。但在埃科提出的两种城市类型当中，雅典也从此由第二种转化为第一种了，这怕是会带来一些不利影响。例如当人们在协和广场（Omonia）和宪法广场（Syntagma）之间的某处乘坐地铁、公交车或出租车的盲目旅程结束时，会惊觉毫无过渡性可言，这大概始于这个城市潜藏的问题，但同时也为那些懂得如何探索它的人预留了很多惊喜。举例来说：在上次来雅典的时候，我就遇到了一位疯狂的警察，他在布列塔尼大酒店（l' hôtel de Grande-Bretagne）后面一直疯狂地吹哨子，试图控制包围在他身边鸣喇叭的人群。

这样一来，对于那些不愿拘泥于陈词滥调的人来说，就更有必要采用孟德斯鸠的方法了。只要一到达陌生的城市，这位《论法的精神》的作者便会急忙登上最高处，例如山丘或钟楼，以便尽快打量其新领地。

在雅典，其实存在很多这类可以用来观察和了解这座城市的高地。除了雅典卫城以外，每一处高地都各有千秋。确实如此，因为身处雅典卫城之中的时候……我们是无法观察到卫城本身的。人们可以乘坐缆车到达吕卡维多斯山（Lycabette）的顶峰来观赏雅典。不过就像威尼斯的恋人们相比于圣乔治·马焦雷广场（San Giorgio Maggiore）的钟楼，更偏爱圣马可广场（la place Saint-Marc）的那座钟楼一样，我承认其实我更喜欢附近另一处稍低一些的高地——银河酒吧（Galaxy）。这个酒吧位于希尔顿酒店顶层的露台上，在这里，您可以欣赏到最美丽的雅典城。当然，您不仅可以观赏到雅典卫城及与之毗邻的山丘，还可以看到比雷埃夫斯港，甚至更南边的一些地方。除此之外，往更远的地方看，您还能在西边观赏到海上的落日（毕竟晚上才是人们经常光顾这个奇妙观景地的时候），还有萨拉米斯岛，以及周围停靠的不知是在等待卸货还是等待除去帆樯索具的船队。

从高处俯瞰雅典，她是这样一座既古老又现代的城市，本来这两种特征应是极其矛盾的，但两者在雅典却又出奇和谐地共处。饱受争议的当代建筑甚至与古老的神殿在一片祥和的氛围中互动。正如约翰·弗里利（John Freely）描绘的那样，重新统一的雅典再一次成为“欧洲最古老的城市”，但其实她本应蝉联的。雅典是这样一座终于回归历史的城市，一座终于可以回归历史的城市。

那些专家学者包括一些作家，对于雅典这座城市，在很长一段时间里都只关注古代雅典，更确切地说是只关注伯里克利（Périclès）统治时期的古雅典，那段只有短短30余年的历史。这种极具限制性的选择，使得雅典脱离了历史的长河，成为一座无始无终的城市。也就是说，既无前史考究，也无后续发展，这就导致了大多数对于希腊“黄

Plan of the
ÆNVIRONS
of
ATHENS,
For the Travels of Anacharsis.
By M.Barbiê du Bocage.
September 1785.
Academy
Ceramicus
Lacia
Scyros
Sacred Gate
Gate of the Piræus
Tomb of Euripedes
Thymœtadæ
North Wall or Wall
Temple of Theseus
The Long
Walls
Echelida
Marsh
of Phalerum
Temple of Echelus
Temple of Juno
PHALERUM
Citadel
Jupiter
Road of Phalerum
Temple of Venus Colias
Chapel of Ceres
Cape
Colias
PIRÆUS
Peninsula of Munychia

古代文献中的雅典地图

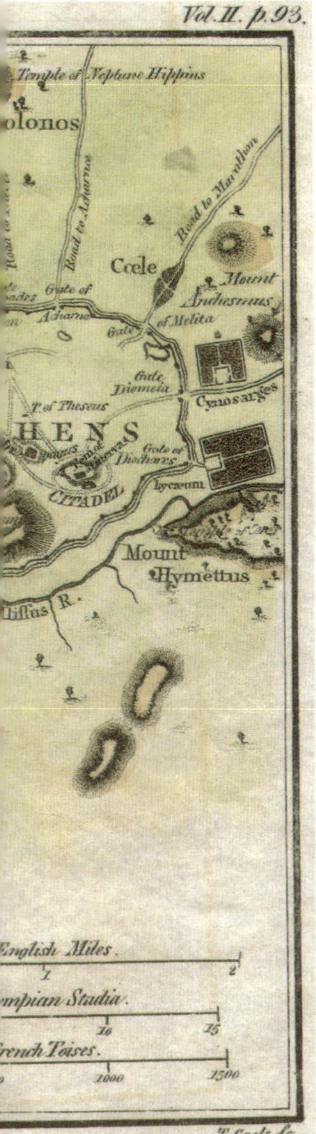

金时代”①的讨论成为空谈。这种对现实的明显否认，这种对雅典既歌颂又贬低的印象，其实是有一定风险的。例如，弗洛伊德（Freud）就因此于1904年，在雅典卫城上感受到了所谓的“记忆障碍”②，并显然伴随着严重压抑的俄狄浦斯情结（œdipe）。在32年后，他才将这段经历告诉了罗曼·罗兰（Romain Rolland）。而如今，伴随着20世纪下半叶大众旅游的迅速发展，这一过程只会被愈发推进，可能最终人们对雅典的认知，甚至会从伯里克利时期缩小为只有雅典卫城，从雅典卫城再缩小为只有帕特农神庙。

如果雅典今天再不用最新研究（特别是对希腊化时代和罗马时期的雅典历史的研究）来为自己澄清、辩护的话，这种只研究3000年历史中30年的方式，就会被大众所接受。作为一个

① 希腊的黄金时代，亦称为古希腊的全盛时期，特指伯里克利统治时期。

② 西格蒙德·弗洛伊德曾怀疑过雅典卫城的真实存在，从而与本身记忆产生矛盾。

古代雅典卫城复原图，[德]利奥·冯·克伦泽 绘

富有经验的旅行者，奥利维尔·罗林（Olivier Rolin）曾在一篇生动的短文中写道：“雅典是欧洲唯一有如此经历的首都，近20个世纪没有相关历史记录，导致城市的改革与变迁没有被连续记载下来，形成了需重新填补的历史空白。”当然，雅典肯定不像罗马拥有那么“多元的文化”（这种表达方式出自费尔南德·布劳德尔〔Fernand Braudel〕对整个地中海地区的形容），但是这些“城市的历史改革与变迁”，就算现在只有内行才能接触到，也不会这么快就隐没，而在夏多布里昂那个时期，它们是最清楚可察的。

我们再接着讲述夏多布里昂子爵在那条自埃莱夫西纳到达雅典的路线上看到的风景。“首先令我印象深刻的，便是冉冉升起的红日照耀下的城堡，它就在我的眼前，在平原的另一边，似乎就倚靠在那座构成画面背景的伊梅特山（Hymette）上。各式风景在那儿汇聚，向我们展示了卫城山门（Propylées）的柱头、帕特农神庙和厄瑞克忒翁神庙（Temple d’ Érechtée）的圆柱、城墙上放置大炮的墙洞、基督教徒的哥特式遗迹以及穆斯林小屋。”总而言之，这展现的其实是三个时代。如果您愿意，也可以将其视为三个雅典，分别是古典时代的雅典、拜占庭时期的雅典和奥斯曼时期的雅典。

如果说上述第二个甚至第三个雅典，如今不大可能吸引人们眼球的话，不是因为它们没有存在过，而是因为历史会被改写甚至被颠覆，使得我们相信它所经历的过去并没有发生。这也就是在1834年，年轻的希腊国度诞生时发生的事情。如果说几乎所有的清真寺都被摧毁，如果说主宰雅典卫城的法兰克塔被推倒让巴雷斯（Barrès）感到失望的话，那么这都是政治决定的结果。必须删减那些会令人们想起被耻辱压迫的事物，向那些不统一、有分歧的国民提供一份有关古雅典辉煌过去的记忆，这也是一种动员方式。为了谈论历史的消逝，奥利维尔·罗林运用结果来印证原因。塞纳西斯·瓦尔蒂诺斯(Thanassis Valtinos）也在同一部作品中再现了这个方式。您可能会认为，如果一座城市没有留下任何痕迹，那么就意味着它不存在任何历史。事实其实刚好相反，如果这座城市一点痕迹都没有，或者更确切地说，那些痕迹都不存在了，其实恰恰是因为它曾经拥有过一段历史。

而我想讲述的，便是雅典这段被湮灭的历史。在接下来的篇章中，我将详尽地记述这座城市从起源到如今的历史。如果除去玛丽·泰瑞斯·韦尔内·斯特拉焦蒂（Marie-Thérèse Vernet Straggiotti）著写的与其说是小说，不如说是历史书的《雅典传奇》(Le Roman d'Athènes)以外,目前就没有其他任何有关该主题的法语著作了。其他语种像英语、意大利语和希腊语也都是一样的情况，或者更糟。此外，还有一个特殊点在于，如果我们用同样多的笔墨去描绘雅典每个时期的话，会使写作任务变得更加复杂：虽然有关雅典古典时期、奥斯曼时期和拜占庭时期的研究资料非常丰富，但是好像没有引起历史学家们的注意。

然而最主要的困难还是在于我调查研究的主题上。其实我感兴趣的是雅典这座城市，而不是那个和它同名的，曾一度统领希腊而后逐渐消亡的城邦。皮埃尔·布鲁莱（Pierre Brulé）是为数不多的曾指出两者区别的人之一，他说：“当我们今天说‘雅典’的时候，其实有两层含义。从现代意义上说，它指的是城市，分为古代的城市和现代的城市。从古代意义上说，它指的是城邦，所以我们会说雅典与某地进行战争或结盟。因此我们必须注意两者含义的区分。”虽然我已经尽己所能注意区分两者，但我还是不确定自己能否真正做到。

接下来，我将会按照时间顺序，并基本上参照传统的历史分期来

古希腊厄瑞克特翁神庙遗址

编写这本书。为了加强描写历史转变时的连贯性，我尝试将雅典放入连续的状态中来编写（应注意雅典〔Athènes〕这个词运用的是复数形式，难道是因为雅典重新统一之前，卫城附近围绕着很多村落吗？还是同名女神雅典娜〔Athéna〕的不同变形方式呢？）。而且如果有需要，我可能会运用第一人称来书写，即便原则上在编写此类书籍时应避免使用这种方式，但是在我看来，见证者与历史学者的身份是不冲突的，当然前提是，一方的人生经历不会过度影响另一方希望追求的客观性。

在全文的编写过程中，有一本书对我提供的帮助特别大，不仅是因为它所提供的大量材料信息，更是因为它所提出的方法让我受益良多。这是一本罗兰·艾蒂安（Roland Étienne）所著的关于古雅典城市史的书籍。由于这位作者过度谦虚，他只描绘到公元3世纪的雅典就停笔了，这反倒无意中使我受益。如果他将其继续编写完，就像他曾经设想的那样，一直写到当今的雅典，那么您现在正阅读的这本书将不会有机会面世。

Le Roy Archt del.

古代雅典卫城山门复原图

第一章: 古代雅典

10th B.C. — 5th B.C.

“经过鉴定，雅典卫城是在公元前 5 世纪建成的，身旁是供奉着女神雕像（由一截油橄榄树制成的木制雕像）的雅典娜·波利亚斯（Athéna Polias）‘古庙’，里面有一座赫克佩克顿（Hécatompédon），即长一百英尺的建筑，预示着帕特农神庙的建造。”

在科罗拉多沙漠中，人们可能会谈到“平顶山”。通过一种反向换称法（在此处，不是某物的专有名称变为一类事物的通用叫法，而是某通用名变成了某事物的特指名称），雅典卫城就约定俗成地以此命名了。这种独特的大型台体，构成了能够一直影响历史进程的特殊地理景观之一。而此处的历史也确实受到地理因素的影响。这座希腊城塞位于距离海洋只有几公里的平原河口，这使它能够在不切断海洋资源获取途径的同时，保护那些忧虑自身安全的居民免受海盗的侵扰。在那个时代，就像某位历史学家曾生动描绘的那样：“最好便是从山丘的高处，保持一定距离地监视着那片停靠着黑色海盗船的沙滩。”

同时，此处也是令修昔底德（Thucydide）无法忘怀的希腊标志景观之一，是由陆上高地城市和其原始

色雷斯
拜占庭
萨索斯岛
塔斯
阿比多斯
特洛伊
利姆诺斯岛
莱斯沃斯岛
小亚细亚
爱
米提利尼
埃维亚岛
希俄斯岛
斯密尔那
卡尔基斯
比斯
阿提卡
加腊
雅典
萨摩斯
以弗所
琴
迈锡尼
米利都
提洛岛
纳克索斯岛
海
锡拉岛
罗德岛
卡尔帕索斯岛
克里特岛
伊拉克利翁
科诺索斯
法埃斯特
中
海

古希腊城邦势力范围图

港口构成的一种二元结构。基西拉岛（l'île de Cythère）至今仍是一个很好的例子，与之相距大概4000米的科拉镇（Khôra）城塞，便悬垂于小岛南海岸卡普萨利（Kapsali）的两个小河湾上。当港口转变为城市的时候，就像公元前5世纪时比雷埃夫斯港变成雅典城那样，它的名称也会随着地理身份等级的变化而发生改变。它不再被简单地称为抛锚地（épinéion），而被称作港口（过去拼写为limen，现在希腊人更多地拼写为limani）。

如果我们认真观察的话，可以发现地球上其实危机四伏，但幸运的是，雅典卫城占据了一个有优势的地理位置。它拥有高达156米的天然瞭望台，可以看到广阔的全景，不仅能看到西边的雅典平原与埃莱夫西纳平原的分界线——阿加莱奥群山（Aigaléos），还能一直看到帕尼萨山（Parnès）的顶峰（高1413米），而且从彭特利库斯山（Pentélique）（高1106米）到伊

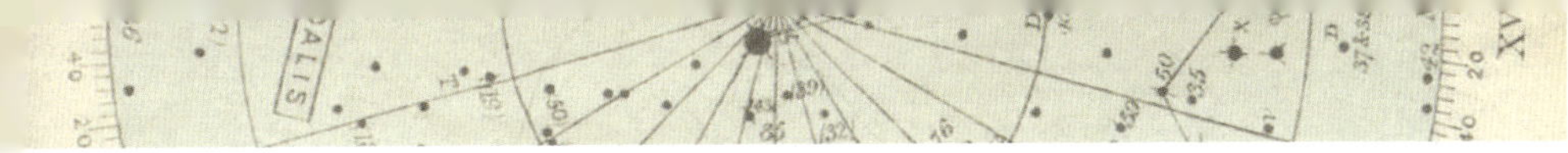

古希腊雅典娜胜利神庙

梅特山（Hymette）（高1037米）都能尽收眼底，不过它们也阻挡了向东北朝着马拉松平原方向的视野。雅典卫城本身就位于某山脊虚线的最南端，稍微向北延伸便是吕卡维多斯山（Lycabette）（高277米）和安奇斯莫斯高原（Anchesmos）。

正如埃德蒙·阿布（Edmond About）形容的那样，这是“世界上最奇妙的悬岩”，它从近80米的高处俯瞰着切菲斯河（Céphise）冲积平原，该平原一直延伸到阿加莱奥斯群山（Aigaléos）和它所在的部分山脊之间。切菲斯河曾经是被用于灌溉雅典平原的地中海三大洪流之一（此处运用“曾经是”，是因为它们此后都干涸了或被覆盖了）。这条河的源头是彭特利库斯山，在流入法勒海湾（Phalère）前，与从伊梅特山顺着卫城南侧流下的伊里索斯河交汇。第三条水流是埃里达诺斯河（l’Eridanos），与其说是一条水流，不如说是一条溪流。这条溪流发源自吕卡维多斯山的几个斜坡，但在横跨古雅典政治集会广场之后，在陶瓷公墓（Céramique）那边就逐渐消失了，从而导致水资源紧张、夏天天气闷热（而且由于高速发展的城市化，天气就更闷了），但这也是雅典在获得如此众多战略优势的同时，需要付出的代价。

在雅典卫城及其周边地区，人们发现的最古老的人类栖息痕迹可追溯至新石器时代。但迄今为止得到证实的最早的重要定居点，处于迈锡尼文明时期。伯纳德·霍尔茨曼（Bernard Holtzmann）曾写道：“在公元前1250年左右，首次出现一座正好把高原与山坡分隔开的围墙，从而使这座山丘变成了一座堡垒。”在此处，我们可以用一种很形象的方式看待考古学家所说的蛮石建筑，即众多不规则的石块，其中有两处石块至今仍清晰可见。为了保护已经被人们发现的西边入口，我们建造了一个菱堡，后来也成为雅典娜胜利神庙（temple d’Athéna Niké）的墙基。一座名为佩拉尔吉奇（Pélargikon）的保护墙（这座墙名字的含义是鹤墙）向下方扩展。

在配备了如此强大的防御系统之后，雅典卫城很有可能会在其最高点建筑宫殿，就像我们在迈锡尼（Mycènes）和梯林斯（Tirynthe）发现的同样的石墙一样。由于这个建筑已不复存在，为了更详细地了解它的分布情况，我们可以参考荷马（Homère）在《奥德赛》(L'Odyssée)中的有关描写，从费城人的阿尔西诺斯宫（Alkinoos）、涅斯托尔宫殿（Nestor）到皮洛斯宫（Pylos），甚至是奥德修斯宫（Ulysse）到伊萨卡岛（Ithaque），在它们的中心处，一种双坡式屋顶下，有一个巨大的主室，充当王位厅、礼拜堂和宴会厅。此外，还有一些装饰精美的棺木在亚略巴古（Aréopage）①和阿哥拉（Agora）②出土，再次提醒人们迈锡尼存在着其他遗址。而且得益于最近在修筑雅典地铁过程中对麦克利亚尼（Macryanni）地区的挖掘，我们得以证实修昔底德说过的话：如果我们真正地对这个城市进行讨论，这其实是一座从那个年代起、从雅典卫城南坡发展起来的城市。

线形文字B系统

① 亚略巴古（Aréopage），又称战神山议事会，位于雅典卫城的西北处，在古典时期作为雅典刑事和民事案件的高等上诉法院。

② 阿哥拉（Agora），原意是市集，泛指古希腊全体人民或议事会为行使他们的政治权利，召开会议的场所，后也指公共广场或城市中经济、社交、文化的中心，还是居民谈论政治、哲学以及相互结识的场所。

Plate II.

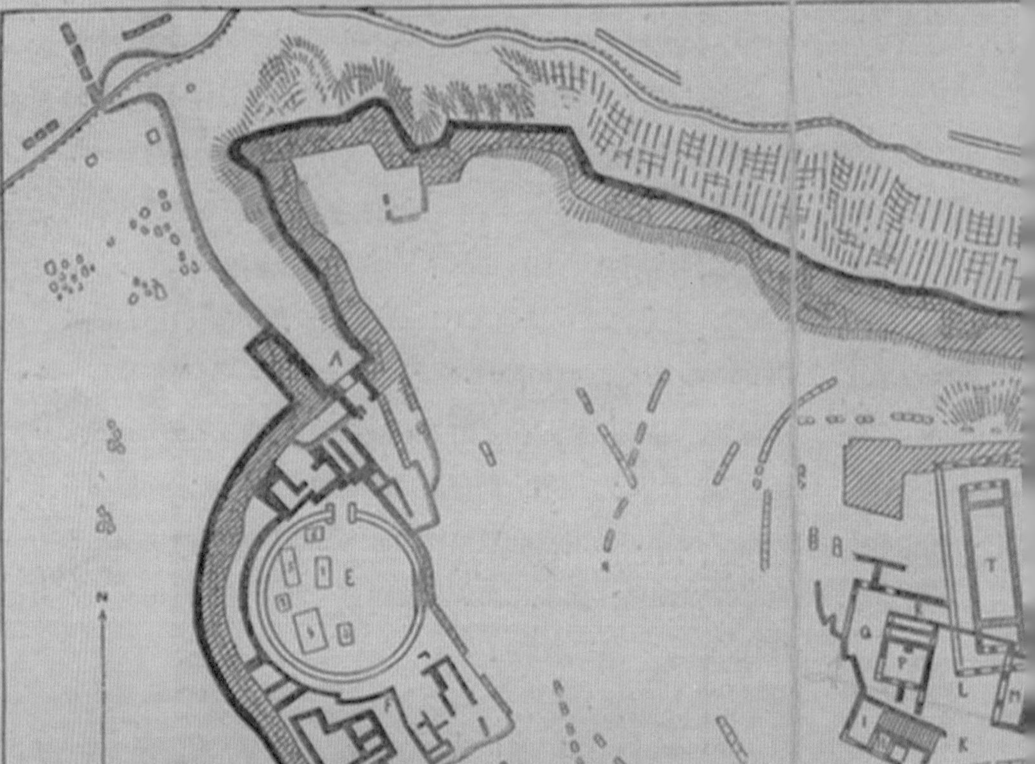

Vol. III. to face page 98

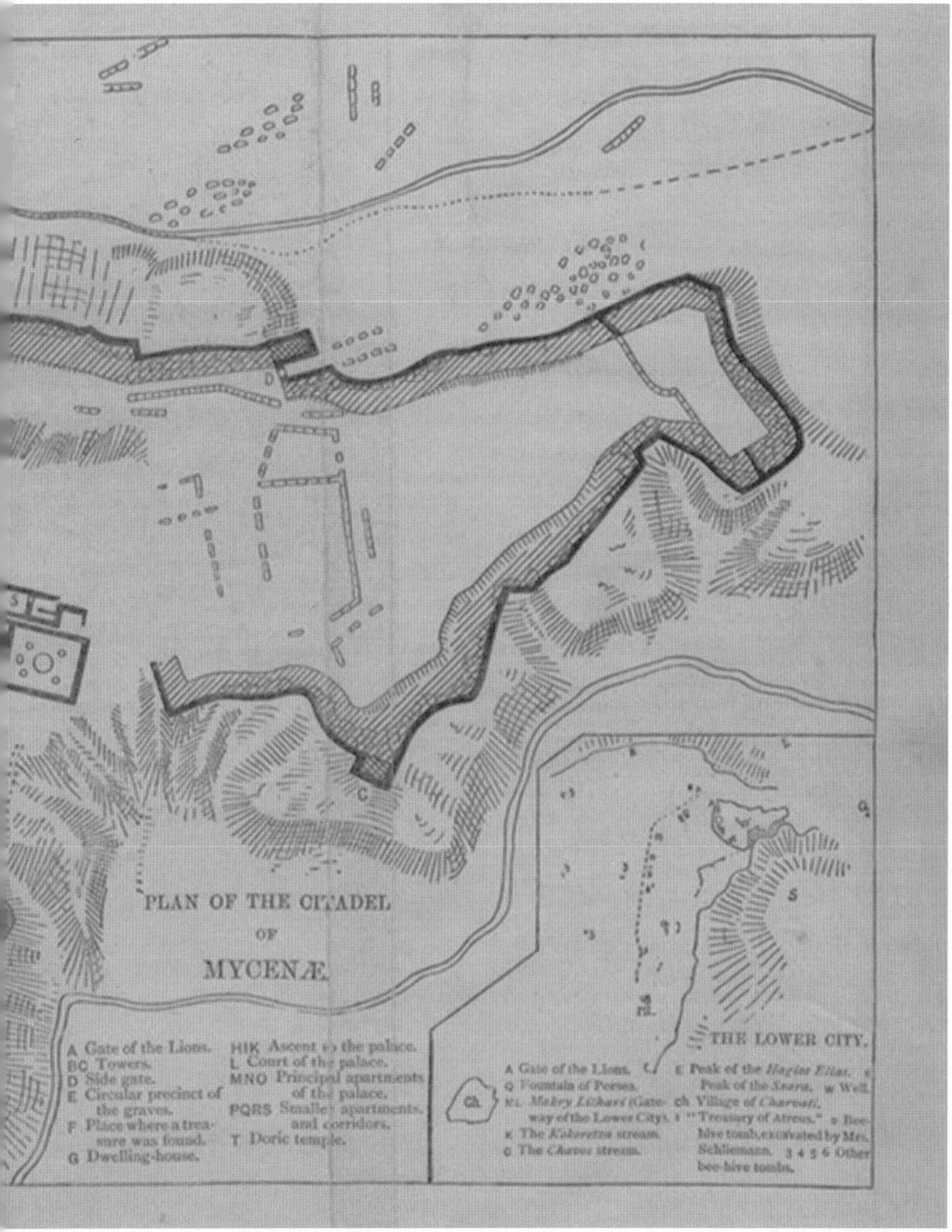

古代文献中的迈锡尼城市地图

我们对它的认识本来就零散，而且存在诸多问题，相关记载在公元前11世纪初也戛然而止，也就是在青铜时代到铁器时代的过渡时期，所以我们也无法肯定那些迈锡尼宫殿消失的确切原因，是因为受侵袭还是因为自然灾害。而伴随着作为中央指挥机构的宫殿的消失，中央集权的官方书写文字——线形文字B也逐渐消失了。随即是历史学家所谓的希腊“黑暗时代”。我们所掌握的关于这个时代的资料非常匮乏。虽然这个时代被我们部分遗忘了，但这个存在于公元前11世纪到公元前8世纪的时代对于整个希腊世界，特别是对于雅典来说，是至关重要的。这段“黑暗时代”无疑破坏了历史的连续性，毕竟公元前8世纪的雅典相较于公元前11世纪的雅典，区别是很大的。

在缺乏真实历史记载的背景下，对

帕特农神庙内景图，[英] 劳伦斯`· 阿尔玛 · 塔德玛 绘

于这样一个只能发挥主观想象的漫长时代，我们只能参考那本被罗兰·艾蒂安誉为“黄金传说”的传记集。通过一座石碑，“帕罗斯岛上的大理石”和一本姗姗来迟的名为《书库》的汇编书籍（其作者未知，但通常认为是阿波罗多洛斯〔Apollodore〕编撰的[1]），人们得以保留雅典历代“国王”的名单。也就是说，事实上，生活在这个城市的人们，例如雅典人，在古典时代是会一直在他们的纪念碑中对神话族谱进行记载和传颂的。

以下便是伪阿波罗多洛斯留给我们的关于雅典起源的珍贵记载：“凯克洛普斯（Cécrops），出生于人间，却天生拥有半人半蛇的身体构造，是雅典城首任国王。他依据自己的名字，把这片原本叫阿提卡（Acté）的土地改名为切克罗皮亚（Cécropie）。据说在这位国王的统治时期，诸神为了得到民众对其的尊崇，决定私占城邦。波塞冬（Poséidon）是第一个来到阿提卡地区的，他用三叉戟在雅典卫城中心猛烈一击，此处便露出了一片大海，也就是我们今天说的埃雷克泰德海（Érechtéide）。雅典娜随后也来到了雅典，并让凯克罗普斯作为自己占城的证人，在此栽种了一棵橄榄树，我们今天在潘德罗索斯（Pandrosos）神庙中还能看到。”因此，雅典娜和波塞冬为争夺对阿提卡的统治权发生了争执，但十二主神都宣布支持雅典娜。于是抵上所有的威严，一场角斗将在帕特农神庙西墙下上演，这也是首次发生的冲突。

即便可能得罪那易因小事生气的兄弟，宙斯（Zeus）还是无条件地顺从自己心爱的女儿的心意。就算人们注意到雅典娜不是第一个来到雅典的，她的智慧和计谋（她母亲墨提斯〔Métis〕便是代表机智和沉思的女神）也还是帮助她夺得了这个城市。那我们该怎么处理雅典卫城的海水呢？不过相较而言，橄榄树是比财富更令人信服的证明。说到这里，就不得不提到《俄狄浦

① 此书作者传统上嫁名于古希腊学者阿波罗多洛斯，但因为时间不吻合，故现在习惯将该书的作者称为“伪阿波罗多洛斯”。

古希腊陶器上的忒修斯

斯在科罗诺斯》（Œdipe à Colone）中的著名片段（大概在695—706节）。在这个片段中，唱诗班吟唱出一棵树的价值来源于其叶子和其保护者眼睛的颜色一样。对于所有地中海人而言，索福克勒斯（Sophocle）的文本，即使是在保罗·马宗（Paul Mazon）的译本中，依然是那么正确：

我从未听说过有人在亚洲大陆上，
或是在伯罗奔尼撒及其广大的多利德（Doride）地区，
曾见过这种植物的生长：
它什么也不需要，只依靠自己便能生长，
它是敌人的恐惧，却是国人的花饰，
它在此处的盛放比其他任何地方都要多：它养育了我们的后代。

这便是橄榄树，一棵长着叶子的树，
没人会破坏它，
无论是老人，还是小孩，没有人敢摇碰它！
因为上帝在注视着一切，橄榄树下的宙斯，
就像雅典娜一样守护着它。

通过伪阿波罗多洛斯的记叙，我们知道奠基人凯克罗普斯的继任国王是克拉诺斯（Cranos），他也出生于人间（古雅典人一直不断地强调他们的人间本土身份）。在他之后的继任者分别是安菲克提翁（Amphictyon）和埃里克托尼奥斯（Erichthonios）。至少，最后提到的这位国王出生是很奇异的，他应该对现有辅助生育技术的先进没有丝毫羡慕之心。被阿佛洛狄忒（Aphrodite）冷漠无视的赫淮斯托斯（Héphaïstos），曾经试图追求雅典娜。在追逐过程中，他没有控制住自己强烈的欲望，将精液沾到了女神的大腿上。女神深感厌恶，用一块残留的羊毛擦拭膝盖，然后将它丢下凡间逃走了。而据作者说，埃里克托尼奥斯便是从被丢到地上的种子中诞生的。从这个意义上说，他也是出生于人间的，而且埃里克托尼奥斯的存在和蛇的存在其实也有很大关联。但是我们很容易把他与后来一位名叫厄勒克修斯（Érechtée）的国王弄混淆，因为他们的名字近乎相同。雅典卫城上，这座令人惊叹的双神庙的西边部分，即厄瑞克忒翁神庙（Érechtéion），便是献给后面这位国王的。

之后继任的几位国王都不是很重要，直到忒修斯（Thésée）的出现，他可以说是最著名的、也是最受雅典人民爱戴的一任国王。在《俄狄浦斯在科罗诺斯》一书中，就是这位国王以他个人和整个雅典的荣耀，慷慨地接待了那位被放逐的眼盲老人。忒修斯当然是一个英雄，但同时也是神话人物，他其实存在于历史和传奇的边界线上。就算不提他的丰功伟绩，光是那些打败怪物和强盗的事迹就使得淮德拉（Phèdre）为他痴狂。当然我们只需记住最关键的东西：得益于古希腊最优秀的历史学家们所具有的知识，我们得以还原这个城市最真实的面貌。其中最出色的一位便包括修昔底德："在忒修斯担任国王的时期，因其聪明才智，他知道如何运用各种计策去统筹好整个地区，例如为了更好地建设现有的城市，他废除了其他各城市的议事会与行政官员职务，建立了统一的议事会及行政中心，使所有居民得以集中。"

这便是今日历史学家所说的"局地统一"（Synècisme），这种现象的形成究竟归功于谁其实没那么重要了。真正重要的是这种现象能清楚地表明无论实际存在形态如何，在希腊世界范围内出现了一种新的领土组织形式：城市国家。即使某些专家总认为必须在此提及公元前3000年的美索不达米亚文明（但是真的所有东西都起源于苏美尔文明吗？），这种组织形式的独创性还是得到了充分的证实。

普鲁塔克像

正如修昔底德指出的那样，这种组织形式肯定不是在某个时间点上突然采取的行为或决定，相反这应该至少经历了两个世纪的漫长发展，大约是公元前8世纪到公元前7世纪，也就是字母文字重新出现的那个时期，人们也商定称这个时期为“希腊文艺复兴时期”。让亨利·范·埃芬特尔（Henri Van Effenterre）感到惊讶的是：“在世界上其他任何地区都找不到，像这样一个如此混杂，却没有被分裂成多个独立单位的人类和文化群体。”

在1864年，甫斯特尔·德·库朗日（Fustel de Coulanges）曾在《希腊城邦》（La Cité grecque）一书中清楚地描述了城邦和城市的区别：“城邦是家族和部落的政治宗教性组织，而城市则是这个组织集会的场所和住所，特别是城市中还有圣殿。”大约15年后，戈比诺（Gobineau）为城市国家做出了从地理角度上更为形象化的定义，即“城市和郊区”。

对于“城市”这个词来说，过去希腊人更多地称这样一个城市居民点为“阿斯图”（asty）而不是“城邦”（polis），其实指的是整个城市国家，与甫斯特尔·德·库朗日所说的恰好相反。但是在19世纪，说“郊区”这个词又可能有点年代不符。希腊人其实用“科罗拉”（chôra）来称呼城邦的另一组成部分，我们可以尝试将其理解为“乡村”。在一个乡村中会有很多小城镇，也经常包括其他的城市。举个例子，如果加上阿提卡地区的话，雅典城邦拥有的“科罗拉”总面积多达2600平方千米，是希腊世界除了斯巴达以外面积最为辽阔的地区。我们可以在雅典城邦所属的“科罗拉”中发现很多城市，例如埃莱夫西纳、墨伽拉（Mégare）以及马拉松平原上的“四姐妹城市”（Tétrapole）（四个城市组成的城市群）。

城市和乡村其实不像城市和郊区那样是附属关系，它们之间更多的是一种相互依存的关系。“城市和乡村远没有承担起它们各自不同的责任，并且它们被长期认为是简单的互补关系（城市负责掌权做决定，同时依靠乡村提供营养供给），共同承担了每种可能的职责（例如防卫、宗教、丧葬、经济功能等），但是政治功能除外，只有城市拥有这项权力。”在居民住房方面，所有的情况也都是有可能的：人们可以住在城市，也可以住在乡村；可以在城市中居住，白天出来耕种田地；甚至可以拥有两套住所，一套在城市，另一套在乡村。并且我们已经证实，这并不一定是富人的特权。

简而言之，城市国家是一个拥有双层含义的发明，可以指一个地方，即城市；也可以指设置在城市中的机构或组织（在忒修斯的例子中，即统一

密涅瓦（雅典娜）与尼普顿（波塞冬）之间关于雅典的命名之争，[法]雷内·安托万·瓦斯 绘

的议事会及行政中心，如果我们想找个现代同义词，其实也就是指市镇当局）。但同时它也适用于“阿斯图”和“科罗拉”的定义，虽然这被甫斯特尔·德·库朗日忽略了。在对这个问题进行深入研究之后，摩根斯·赫曼·汉森（Mogens H. Hansen）提出了比戈比诺更为准确，特别是更为完整的关于“城邦”的定义，即“由一座城市及其所属领土构成的自治团体”。这种表述虽然在表面上平淡无奇，却能适用于不同政体并且可以区分它们，这对于理解希腊化时代雅典到底是独立还是自治很有帮助。

我们非常缺乏关于雅典城市国家初期的资料信息，所以我们最多只能假设是在几个村庄联合为城市后，或经过几次联合之后，那些与雅典卫城毗邻的小村落合并成了一个城市，这个起源也解释了雅典这个名字为何以复数的形式呈现。雅典其实很早就面临极明显的政治和社会紧张局势，它遭遇了古希腊人最担心的事情，即内部纠纷（stasis），也就是城邦内部的冲突（与之相对的是外部纠纷〔polémos〕，即外部冲突）。

为了防止内部纠纷，只有一种方法，那就是拥有良好的秩序（l’eunomia），即拥有有效的法规。大约在公元前621年至公元前508年间，雅典人民依次任用了三名立法者，也就是我们今天说的三名“专家”。所有雅典人都很认可他们的能力并且遵循他们的建议。首先是德拉古（Dracon），但他流传于世的恐怕也只有“德拉古式”这个形容词了，因为他所著的法案大多不妥当，其中只有关于谋杀的部分被保留至公元前4世纪，因此不到30年，雅典就需要求助于另一位调停者，此人便是既为军事领袖和执政官，又是诗人的梭伦。

而梭伦在公元前594年前后颁布的法案，似乎为雅典提供了一套解决方案。在禁止以土地抵押和以人身方式偿还债务之后，梭伦不仅彻底结束了

梭伦时期的雅典货币

大地主和小佃农之间的冲突，还解决了大贵族家庭之间的矛盾，这类人时称“社会精英”（Eupatrides），也就是那些“出身好的贵族”（les bien nés）。梭伦将公民分成不同等级并且赋予每个人与其他公民讨论执政官决议的机会。有人之后曾问普鲁塔克（Plutarque），梭伦是否给予了雅典人最好的法律，他是这样回答的：“它们是雅典人所能接受的范围中最好的。让法律适用于现实，而不是让现实适应法律。”梭伦去世后名副其实地成为古希腊七贤之一，他的格言相传是“避免极端”（médan agan）。

从公元前7世纪起，这项密集的公民活动就在城市的公共场所出现了。考古学家在1983年对阿格劳罗斯（Aglauros）圣殿进行了鉴定，确定了第一个雅典阿哥拉的位置，而这个“原始阿哥拉”不在雅典卫城的北部而在其东部。旧时不同的见证人（例如普鲁塔克和布萨尼阿等）其实提及了很多建筑物（忒修斯神殿、行政中心和另外至少两处与原始行政机构有关的建筑），但是至今尚未被发现。

正是在梭伦时期，雅典人开始迁移至第二个定居点，这次他们选择定居在雅典卫城的西北部，在一个被称为“山丘旁的阿哥拉”（Kolonos agoraios）的轻微向外凸出的山丘边上。但在那之前，新阿哥拉上的土地其实逐渐被发展成一个大墓地，陶瓷工艺品的出土也明显印证了这块土地曾经被当作墓地使用。在公元前7世纪，土葬才逐渐停止，小作坊和住房都被转移到市郊，并且人们把坑也填了。就像罗兰·艾蒂安指出的那样，其他同类型的在雅典卫城的北部和缪斯山（Muses）上，实施的措施显现出，雅典正“在扩大和变革的群体中发生一场重大空间调整”。

尽管经过梭伦的改革，这个群体仍旧不是很稳定。在公元前561年，作为雅典最有名望的贵族家庭首领之一的庇西特拉图（Pisistrate）开始执掌政权。正如希罗多德（Hérodote）和修昔底德所记载得那样，60年前别人做失败的事情，他却极其戏剧性地成功了。下面是希罗多德当时的版本：“某一个叫库伦的人（Cylon）在奥林匹克运动会上取得了胜利，获得了足够的自信，以至于垂涎王位。他征募了一批同龄的年轻人，试图占领雅典卫城。但是他失败了，只能一边哀求一边躲在雅典娜雕塑附近。那些执政官让他和他的同伙离开了，并承诺他们不会面临死刑。但是人们还是将他们杀害了，是阿尔克马埃翁家族（Alcméonides）负责动手的。”但这个家族因此犯了亵渎圣罪，他们的姓氏也从此变成了“受到诅咒”的姓氏。

相较之下，庇西特拉图则非常幸运，因为他懂得运用更多的计谋，以及更加坚持不懈。在夺得城邦持久的统治权之前，他其实一共尝试了三次。第

铸有希罗多德头像的现代希腊纪念币

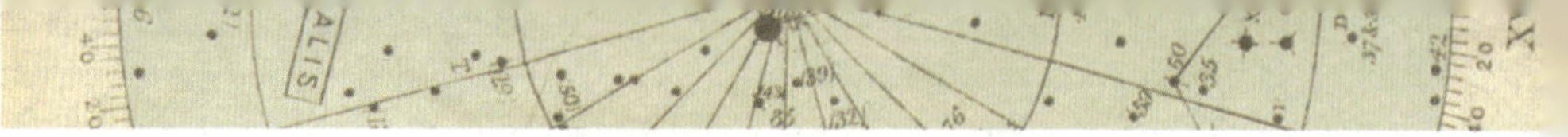

一次尝试是在公元前561年，庇西特拉图将自己弄伤并假装是在路上被袭击了，因此请求一位卫兵保护他，这个要求得到了准许。然后他又在“持棍”的公民中招募，帮助自己强占了雅典卫城。但次年他就被驱逐了。他再次回归并重掌政权是在公元前555年或公元前550年，这也是费里尼（Fellini）的电影中的一个场景——一个穿着像雅典娜的高大强壮的女子，乘坐一辆马战车来到他面前，与此同时，传令官们宣布着一个重大的消息：“雅典人欢迎庇西特拉图回来，雅典娜本人在所有人中选中他，并将其带回属于他的雅典卫城。”因此，他恢复了城邦的执政权，但不久，他与岳父——强大的麦加克勒斯（Mégaclès）的关系破裂了，又被迫流放了十年。

第三次尝试是在公元前544年或者公元前539年，这次他成功了。庇西特拉图再一次运用计谋（为了防止逃兵再次集中起来攻击他，他利用儿子的豁免权向他们许诺），重新成为雅典的主宰，并且大权不再旁落。公元前514年，庇西特拉图去世，儿子希皮亚斯（Hippias）继位。但在公元前514年，在城邦举行的盛大节日——雅典娜女神节游行的过程中，希皮亚斯的兄弟喜帕恰斯（Hipparque）被哈尔摩狄奥斯（Harmodios）和阿里斯托革顿（Aristogiton）刺杀了。公元前510年，在希皮亚斯下台以后，一个雕刻团体为歌颂这两个弑杀僭主的人（也称作弑僭者），在阿哥拉中心竖立了他们的雕像，作为理想民主的生动象征。这个动人心弦的片段可以说是人们最喜欢给小学生讲述的

刻有麦加克勒斯名字的古代陶片

克里斯提尼时代的雅典货币

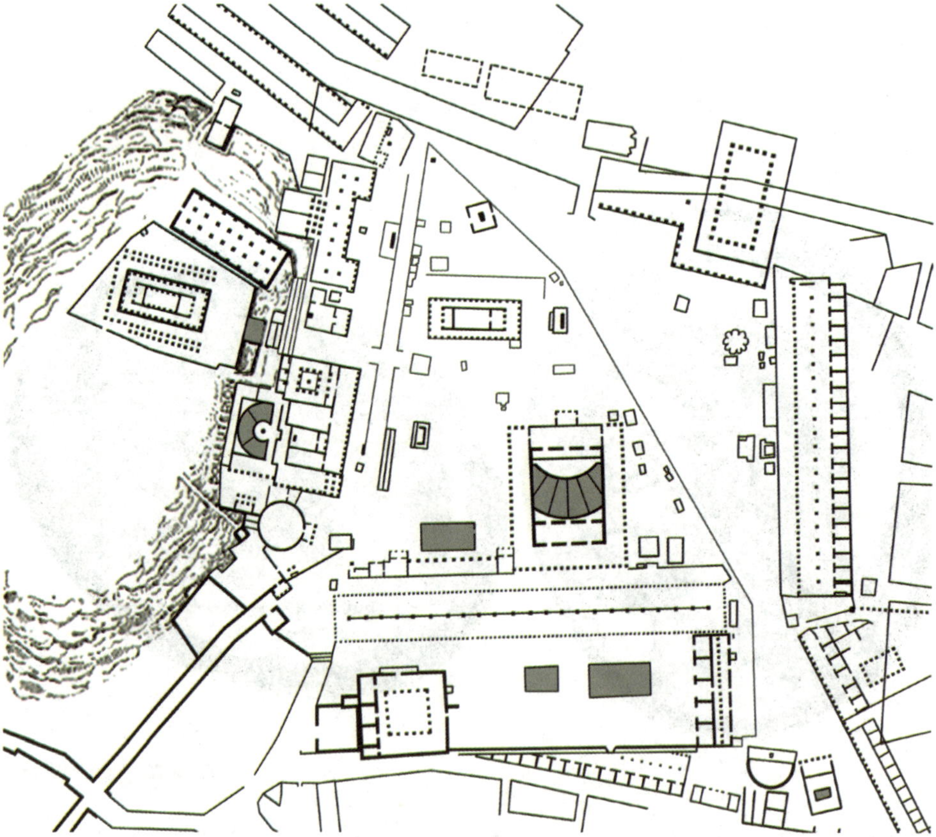

公元 2 世纪的阿哥拉平面图

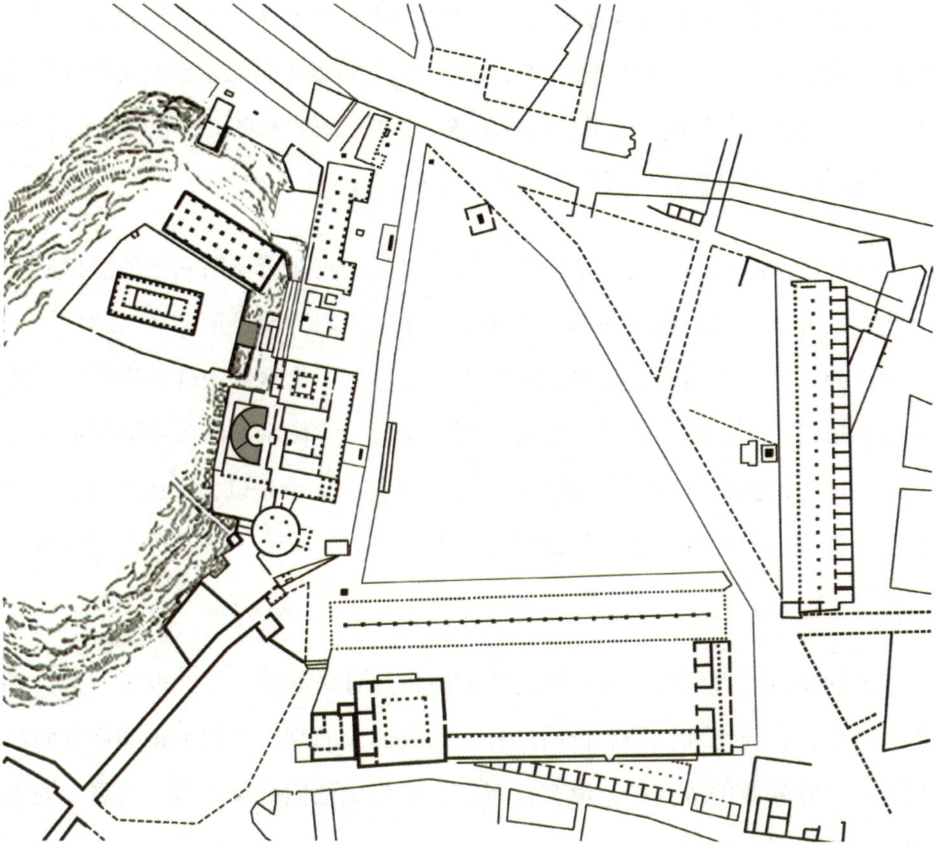

早期阿哥拉平面图

了，但这个动人的故事真的是历史吗？

关于喜帕恰斯谋杀案，其实存在两种明确的说法。一种来自修昔底德，另一种来自亚里士多德（Aristote）。其实喜帕恰斯被谋杀不是源于对自由的向往，而是出自爱情的醋意。那个名为阿里斯托革顿的男人爱上了同自己一起生活的青少年——哈尔摩狄奥斯。与此同时，喜帕恰斯也被哈尔摩狄奥斯的美貌吸引，主动接近他但被拒绝了。在哈尔摩狄奥斯告诉自己的“伴侣”之后，阿里斯托革顿决定对喜帕恰斯进行霸道的报复。

在习惯性谴责这“三个无法无天的男人”（庇西特拉图和他的后世们）之前，最好要三思。最终并不是雅典人驱逐了他们，而是斯巴达人劝说另一个大贵族家庭——阿尔克马埃翁家族（也就是在库伦事件中姓氏遭受诅咒的家族）来进行干预的。通过一次又一次的计谋，就像希罗多德告诉我们的那样：“这些人物在德尔斐（Delphes）生活期间，无论是以公家还是以私人的名义去咨询，每次都试图用钱财使皮媞亚（Pythie）给予斯巴达人解放雅典的神谕。”

虽然所谓的古典时期的希腊人从未停止过对暴政的憎恨，但他们仍然忍受着对庇西特拉图和他的后世们那种宽大得惊人的判决。因为正如修昔底德所说：“在暴政的统治中，没有任何一个家族比他们的家族表现出更大的道德价值和智慧。”

在柏拉图（Platon）和亚里士多德的作品中，人们总可以找到一致的用词。苏格拉底曾在《喜帕恰斯》（l’Hipparchos）中用一种真诚的赞美语气提及，用今天的话来说便是喜帕恰斯在文化方面采取的行动：首先是对荷马的关心，最后他的作品都是以书面形式流传于世；其次是对人们的保护，例如提欧斯（Téos）的阿那克里翁（Anacréon）和科奥斯的（Céos）西莫尼德斯

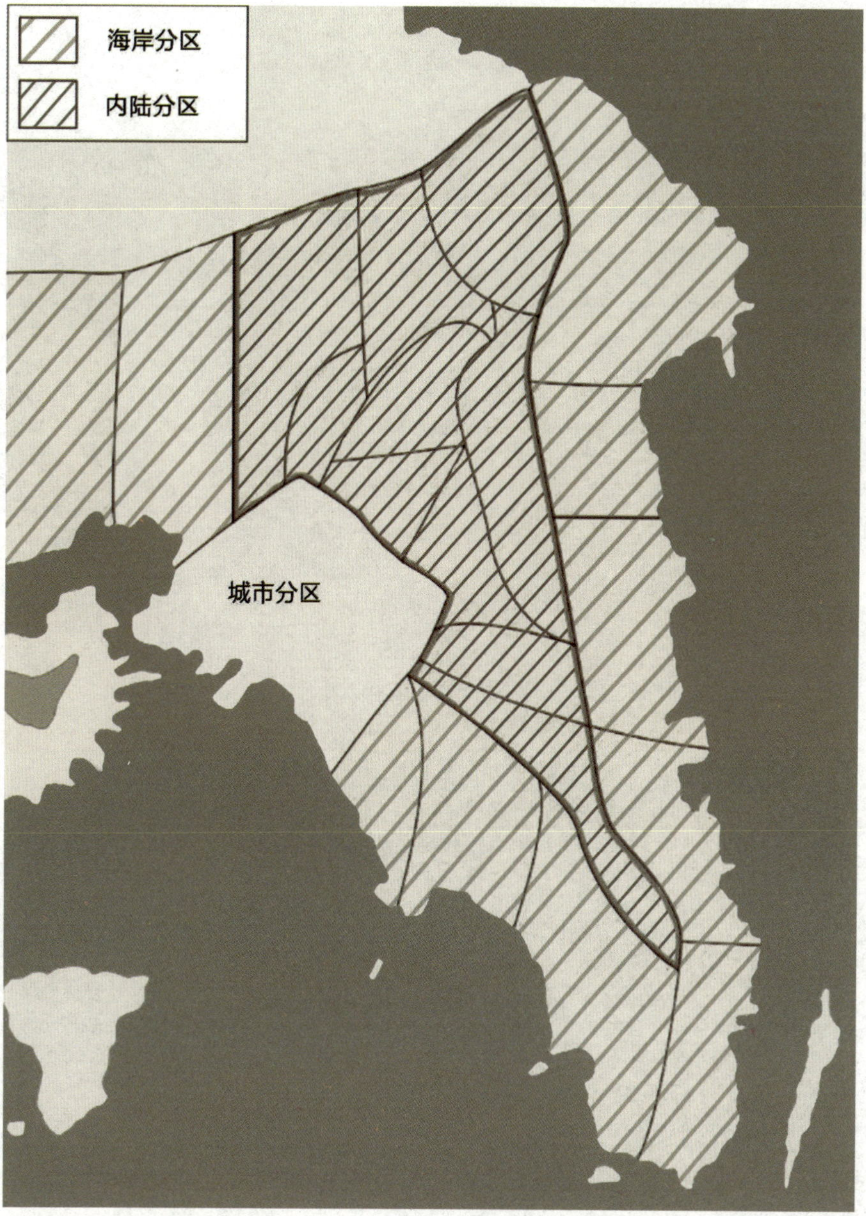

克里斯提尼划分下的阿提卡地区

《盲眼的俄狄浦斯赞美他的孩子们》，[法] 贝尼尼 · 加格纳罗 绘

亚里士多德在《诗学》中以《暴君俄狄浦斯王》为例，讲述了如何构建一出悲剧。

(Simonide)；以及对在道路和田野中的石碑上镌刻的哲理性箴言（例如海尔梅斯预言）的保护。至于亚里士多德，他对暴君是如何通过激起穷人对富人的反抗而上台的并不抱有任何想法，他引用了下面这句谚语：“生活在庇西特拉图统治时期，也就是生活在克洛诺斯（Cronos）时期。”换句话说，就是生活在黄金时代。在他的兄弟被暗杀后的几年里，庇西特拉图家族领导者中真正引起人们仇恨的似乎只有希皮亚斯一个。

不颂扬任何僭主政治，就算是特别“得人心”的，同时也不将当时雅典发生的所有事都归因于庇西特拉图家族。必须承认，这些会让伏尔泰很高兴的开明的专制君主，是第一批利用个人财富（他们拥有丰富的银矿资源）来开展“伟大工程”政策的人。毫无疑问，这肯定会增加他们的荣耀，同时创造了工作机会，所以人民感到很满意。这项政策使城市得以发展和美化。

经过鉴定，雅典卫城是在公元前5世纪建成的，身旁是供奉着女神雕像（由一截油橄榄树制成的木制雕像）的雅典娜·波利亚

古代文献中的古希腊地图

斯（Athéna Polias）“古庙”，里面有一座赫克佩克顿（Hécatompédon），即长一百英尺（约30.48米）的建筑，预示着帕特农神庙的建造。其中各种建筑的组成部分，包括众多点缀三角楣的彩色雕塑都保存完好。人们于1886年2月在一座墓穴中发现了来自这一时期的数十位年轻女子，也就是那些少女雕像（Korai），她们的笑容至少和蒙娜丽莎的微笑一样神秘。今天我们可以在雅典卫城新博物馆中欣赏她们。

“下城区”也不甘示弱。人们开始在雅典卫城的东南地区创设奥林匹亚宙斯神庙，意在建造一座可以与小亚细亚半岛上所有宏伟壮观的庙宇相媲美的高大建筑，但是这项工程延期了数百年，阿哥拉则大大受益于这些新的整治。即使在今天，自从发现了具有特别原始的结构的建筑以来，人们都会怀疑，那些僭主是否在那里建立过自己的府邸。但无论如何，他们都会想到在这儿建造一座喷水池。

这并不是个例。在富有经验的市政官中，例如同时代的另一个僭主——萨摩斯岛的波利克拉特斯（Polycrate），他建造了尤帕里内奥隧洞（tunnel d'Eupalinos）。庇西特拉图家族其实非常关心城市水资源分配的问题，这也是雅典城的主要短板。另一处喷水池是恩纳克鲁诺斯喷泉（l'Ennéakrounos），也称“九口喷泉”，坐落于伊利索斯河（l'Ilissos）附近。他们还在地面上修葺了一个庞大的管道网络，以使伊美特山上的水源可以流至市中心。

盛大的庆典（例如大型的雅典娜女神节，该节日每四年庆祝一次，届时会举办各种丰富的艺术及体育赛事）、雄伟的纪念碑、坚固的城墙、精心设计的道路、价值连城的货币……短短几十年间，雅典已经逐渐成为名副其实的“旗舰城市”。作为一个城邦，它还要做的便是提供一种组织或是一种地理政治结构，使其最终能免受内部争端的影响。而克里斯提尼（Clisthène）最终完成了这项工作，这或许也是雅典最重大的成就。

继德拉古和梭伦之后，在不到一个世纪的时间里，三位“专家”中的最后一位就被召唤来对这个年轻城邦进行改造，该城邦当时正处于长期以来与庇西特拉图家族不愉快竞争中的、“被诅咒”的阿尔克马埃翁家族的统治下。正如安妮·奎雷尔（Anne Queyrel）所记叙的那样，克里斯提尼将权力的行使权交给了人民（démos），这也是“雅典政治生活彻底转变的起源”。他以非凡的平衡意识，对阿提卡地区进行真正的选举分配，其中包括雅典。人民被重新分为十个地区部落，每个部落由三个分区构成：分别是一个城市分区（asty，即雅典周边），一个海岸分区（paralie）和一个内陆分区（mésogée）。每个部落里也因此聚集了兴趣和生活方式不同的公民，由此产生了一个被多次指出的矛盾命题：“人们的身份是构建在现实基础上的，即从属于一片土地，但这又与城邦的存在相矛盾。”

正如罗兰·艾蒂安所指出的那样，通过这种巧妙的“稍作修理”（bricolage），“城市作为一个地理和政治的统一体出现了”。相比建立民主政治，克里斯提尼做出的更大贡献在于他创造了，用康德（Kant）的话来说就是——民主的可能性条件。此时道路已经被打通了，但是由于波斯人的原因，雅典人几乎从未走上那条路。

第二章：古典时代的雅典

5th B.C.

“与其像博物馆中的一览表那样，一一列举公元前5世纪雅典的伟大成就，不如让我们把它们放入历史背景中，然后沿着雅典娜女神节游行队伍的行进路线，穿越回伯里克利时代的雅典。”

如果说历史上曾出现过可以预见的事件，那便是发生在公元前5世纪前十年的两场战争。这两场战争，使两个世界在陆地和海洋上形成了对立。一方面，众多城邦虽然几乎总是处于摩擦之中，但是它们都坚信彼此属于同一个世界，“通过语言和血缘、神庙和祭祀联结起来的希腊人世界”，就像雅典人为了让斯巴达人放心时反复提醒的那样。另一方面，这是一个在手握大权的专制君主统治下的封建结构的庞大帝国。

波斯此时已或多或少地拥有小亚细亚地区的希腊殖民地的宗主权。居鲁士（Cyrus）无法为其计划制定实质的内容，所以他的企图显得更为粗略。他的儿子冈比西斯（Cambyse）英年早逝。最后是来自阿契美尼德家族（la famille

《萨拉米斯战役》，[德]威廉·冯·考尔巴赫 绘

古代陶器上希腊士兵与波斯战士战斗的图案

古代陶器上的古希腊重装步兵

achéménide）旁支的继任者大流士（Darius）选择停止进攻。据彼得·格林（Peter Green）报道："伟大的国王派使者到爱琴海盆地和希腊本土大陆，去寻求'土地和水资源'，以示臣服。但是雅典和斯巴达拒绝了。"

第一次希波战争对于入侵者而言是惨痛的失败。在斯巴达人因宗教原因不得已耽搁（是借口还是事实？）而缺席的情况下，雅典人在部分普拉提亚（Platéens）部队的支持下，发挥出了技术和战术优势，特别是他们的勇气，因此击败了在数量上有绝对优势的波斯军队。在一次超级成功的两翼战术运用之后，他们的胜利已成定局：波斯军有6400人被消灭，但雅典军只被消灭了192人。这就是公元前490年8月12日在马拉松平原上发生的事情。多亏了雅典人利用这场胜利证明帝国主义企图是有理的，希腊世界才继续独立归属于自己。

只要直面史实，谁都能看出米提亚德（Miltiade）和他的军队只是把终结往后推延了。波斯人还会卷土重来的，这一次他们找到了实现野心的方法。如果说真正的政治家是懂得把最冰冷的现实主义和最大胆的想象力相结合的人，像后来的丘吉尔（Churchill）或戴高乐（de Gaulle）那样，那么地米斯托克利（Thémistocle）完全可以配得上这个称号。这个"新人"①虽然出身于一个老贵族家庭，但他却知道如何塑造出一个崭新的雅典，以应对日益增多的危险。而这个新的雅典，就是蒂博代（Thibaudet）在《从修昔底德评析第一次世界大战》（Campagne avec Thucydide）一书中命名的"木之城"。

地米斯托克利心里很清楚，马拉松战役取得的辉煌不会重演。第一次的出其不意已经属于过去，战略必须得到彻底的改变。哪怕冒着让敌人暂时占

① "新人"（homme nouveau）是一个拉丁文表达，指代在古罗马时期，公民的祖父辈没有任何人担任公共职务，且其本身也是第一次担任这个官职的公民。

领雅典的风险，也必须把一切都赌上，不能只依靠那些全副武装的步兵，还要依靠水军；不能只依靠陆上的雅典，更要依靠海上的雅典。现在的首要任务是比雷埃夫斯港的防御工事，以及战时舰队的发展：包括军舰的建造、装备和船员的训练。公元前484年—公元前483年冬季，在劳里昂山脉发现的银矿资源，奇迹般地在此发挥了用武之地。

不知道应该钦佩地米斯托克利哪点最合适：是他计划的大胆，还是他为了这些计划被接受所付出的精力。特别是他知道如何利用德尔斐（Delphes）祭司们以他们狡猾和扭曲的方式刚刚颁布的神谕："看到一切的宙斯却满足雅典娜的恳求，只有木栅栏不会倒下，它会保护你和你的孩子们。"地米斯托克利解释说，"木栅栏"不应指雅典卫城周围的栅栏，那只是微不足道的保护，它真正的含义应该是指雅典周围的军舰。当波斯人第二次向希腊发动进攻时，这个新"栅栏"才刚建立。

阿夫季拉
塞斯托斯
朗帕萨卡斯
阿拜多斯
480BC
珀加蒙
米蒂利尼
福西亚
萨迪斯
498BC
希俄斯岛
底比斯
厄立特里亚
490BC
490BC
479BC
迈加拉
雅典
科林斯
480BC
阿哥斯
以弗所
498BC
479BC
米利都
米拉斯
纳克索斯岛
哈利卡尔那索斯
罗兹
元前480—479年）
弗涅斯远征（公元前498—490年）
斯作战的希腊城市
斯同盟的希腊城市
波斯统治的希腊城市
重要城市

希波战争概略图

这位雅典战略家所预见的，也就是最糟的情况，必然会发生。在公元前480年8月，温泉关防线一被攻破，薛西斯的军队便冲进了阿提卡地区。从6月起，地米斯托克利就开始投票表决将大部分人口，特别是妇女和儿童转移到特雷泽尼（Trézène）和萨利米斯（Salamine）。这次他又下达了一个新的法令，命令所有剩余的公民也立即撤离，只留下了一些手脚不灵便的人，“按照文中规定，为了守卫上帝的财产”，那些女祭司和神殿司库也要留下。原本应该能抵抗几个月的守军，就这样被弃留在雅典卫城里。

这些不幸的人最终都没能活下来。几周的围攻未果后，一小队波斯士兵成功地翻过了岩石，来到了北侧无人防守的地方。希罗多德（Hérodote）记述道：“当雅典人在卫城上看到他们的时候，有的人从城墙高处跳下自尽，有

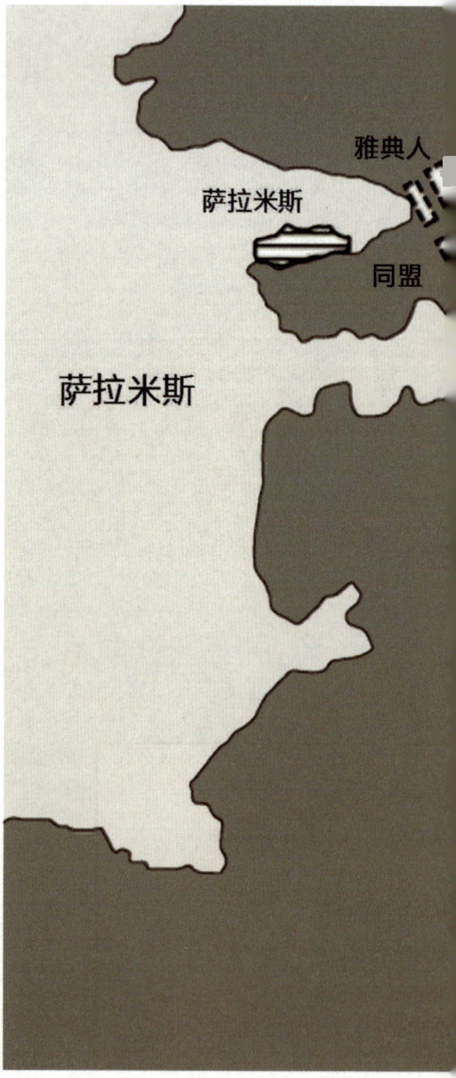

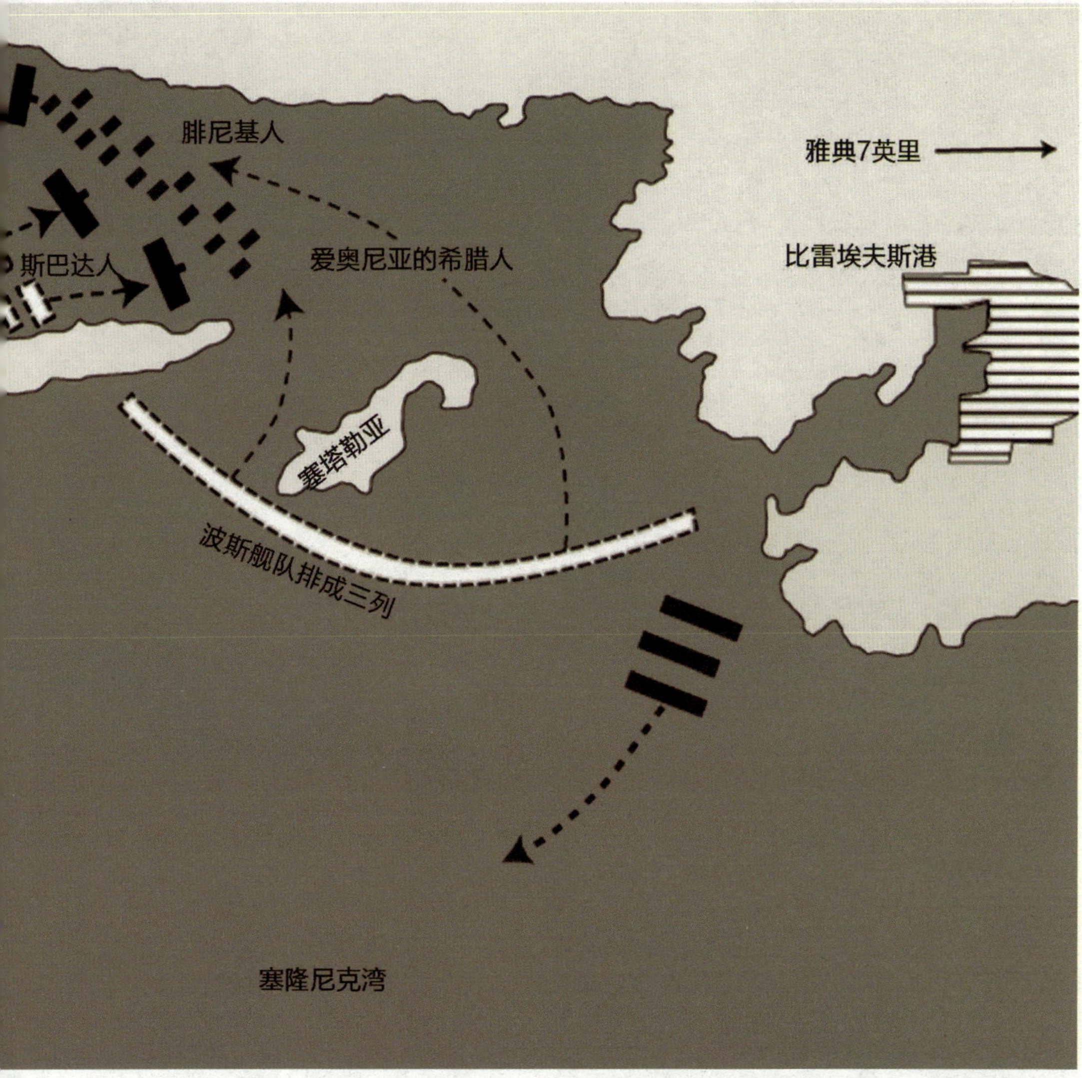

希波战争中的萨拉米斯海战战略图（白色为希腊军，黑色为波斯军）

油画《雷奥尼达在温泉关》，[法] 雅克 · 路易 · 大卫 绘

的人躲在神庙里避难。而当波斯人进入雅典卫城后，先是开启了城堡大门，之后对那些哀求者进行大屠杀。他们将躲起来的人一一杀掉，然后洗劫了神殿，最后放了一把火，将雅典卫城里的一切东西都烧掉了。”

到了9月底，以雅典人为首的希腊人，开始在萨利米斯海峡复仇，在海上展现出了与先辈在马拉松平原上一样强大的技术、战术和勇气。地米斯托克利的战略是正确的。雅典人也得以在短暂的流亡之后，回到了自己的城市和战场。

可惜的是，这只是暂时的。可以说波斯军队已无须再畏惧，至少在这段时间里，薛西斯的军队在他的女婿马铎尼斯（Mardonius）的指挥下，还没有放弃。他们于公元前479年6月又在雅典驻扎下来，然后在面对斯巴达的威胁而撤走之前，将雅典城洗劫一空。“他（马铎尼斯奥斯 Mardonius）先是烧毁了雅典，把城墙、房屋和神庙上所有的残存物都拆毁，将它们夷为平地”。但波斯军队最后战败于维奥蒂亚州（Béotie）的普拉提亚附近，他们最后的希望也在萨摩斯岛附近的米卡勒海湾被磨灭了。而对于阿提卡地区来说，特别是对于雅典城本身来说，几乎所有的东西都面临着重建。

但是能重建吗？或者说真的需要重建吗？早在柏林的“断头教堂”和纽约的“归零地”之前，历史上就出现了这个是否需要保留时代记忆的问题。出于普拉提亚的誓言[1]，希腊人保证在原地保留这片废墟。虽然我们今天一致认为这个誓言是公元前4世纪的一个伪造品，但莱卡古（Lycurgue）所引用的文本（虚构的？）还是反映了一种共识，而事实也证实了这一点。战争一结束，雅典人就优先建立了新的防御体系，紧接着才是民用或宗教建筑。其中

① 普拉提亚誓言：据说为公元前 479 年普拉提亚战争前，希腊同盟在普拉提亚所发。为公元前 4 世纪所刻。

也存在几个慎重的翻新，例如在西蒙（Simon）的提议下，在新阿哥拉上建造绘有图画的门廊。但直到公元前5世纪的伯里克利时期，这里都没有任何重大调整措施。

所以，这时候要讲究的是理科，也就是工事的艺术。就像吸取第一次希波战争的教训一样，地米斯托克利一刻也不耽搁，以同样清醒的头脑和高瞻远瞩的目光，从第二次希波战争中总结经验。自公元前5世纪初开始，雅典人开发的比雷埃夫斯港就一直被保卫着（实际上就是三个相邻的港湾：从西到东分别是坎萨罗斯〔Cantharos〕、泽亚〔Zéa〕和穆尼奇〔Mounichie〕）。但需要付出的代价便是——必须牺牲雅典，因为雅典并没有抵抗多久。既然已经恢复了和平，一切都要从头开始，那么为什么这次不把整个城市变得坚不可摧呢？不仅要给它修建新的城墙，更重要的是，还要用连续的城墙将雅典城与比雷埃夫斯港连接起来。因此，雅典将成为一只双头鹰，一头朝向陆地，另一头朝向大海，是一个混合体。简而言之，无论危险来自哪边，它都能做好抵抗的准备。例如来自伯罗奔尼撒半岛的危险，更确切地说，是来自斯巴达的危险……

尽管对斯巴达人不信任，但地米斯托克利还是实施了一个计划挫败敌人，那就是运用狡猾的“两边抓”战术——一种已经被多次证明有效的希腊典型优势。计划一步一步分阶段进行，既结合实际又能快速推进。不到一年的时间，雅典周边就建起了新的围墙。这是一种带填料的双层墙体，其中的一些遗迹，我们今日仍可在奥林匹亚宙斯神庙（Olympiéion）附近的陶艺馆一侧或埃雷希特欧（Erechtéiou）街的地下看到。这座大量运用了被波斯人破坏的古建筑元素的城墙，占地约215万平方米。

在公元前471年地米斯托克利被陶片放逐之前，即被雅典同胞判处流放之

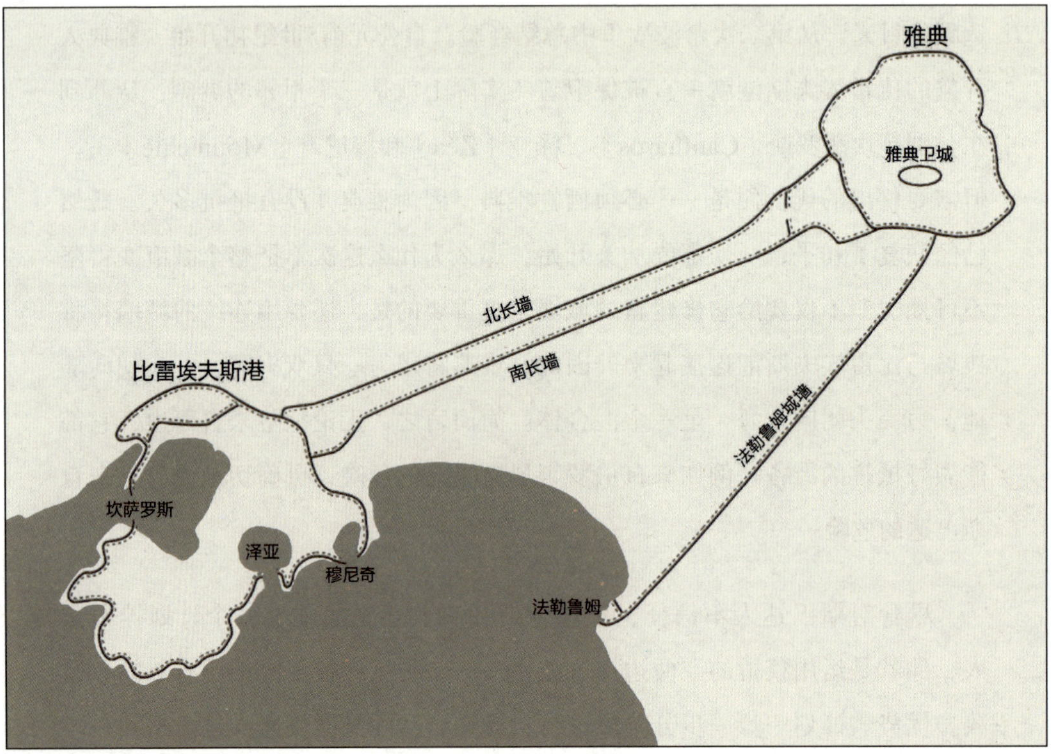

雅典和比雷埃夫斯港

前（他的强势个性让很多人感到困扰），这位雅典的战略家尚有时间监管第二阶段的计划实施，即在公元前493—公元前492年对比雷埃夫斯港周围修建的防御工事进行改进和扩建。米提亚德的儿子西蒙（Simon）在公元前461年被驱逐之前，秉承着一种优良的传承精神，致力于圆满完成这些工程。如果我们可以相信普鲁塔克的话，其实第三阶段，即最后阶段的启动也是归功于他的："虽然长墙（名为'大腿部'）的建设直到后来才完成，但是第一批地基的完成还是归功于西蒙。"

秉承着同样的一脉相承精神，最后大部分工程的执行者是民主阵营首领伯里克利，他在公元前429年逝世前一直统治着雅典城。在公元前461年至公元前456年间，他修建了两道非常厚的城墙，也就是普鲁塔克提到的两条"大腿部"：北面的城墙修建于比雷埃夫斯港及其三个港湾处，东面是法勒鲁姆（Phalère）城墙，位于与它同名的港口方向。大约在公元前445年，在所谓的三十年和平之后，伯里克利修建了第三道城墙，与比雷埃夫斯城墙平行，也就是南边的城墙。至此，在城市与海洋之间形成了一条长6000米，约一个古希腊体育场那么大[1]，宽约160米的加固型通道。原来很难防守的老法勒墙便逐渐被废弃了。根据保萨尼亚斯（Pausanias）的英国出版发行人彼得·莱维（Peter Levi）所说，有两位英国游客，分别是莱克上校和剑桥的"古董收藏家"克里斯托弗·华兹华斯（Christopher Wordsworth），在19世纪初还能看到这些长墙的遗迹。这些长墙在公元前86年被苏拉（Sylla）推倒了，此后便再也没有重建了。在最近的挖掘过程中总会出现一些有趣的线索，特别是在塞浦路斯（Kyprou）街上。我也去了现场，但是什么也没有发现。为了安慰自己，我选了一条更"电子化"的路，乘坐了从雅典到比雷埃夫斯港的露天地铁。在这条线路上，有整整一段路都是沿着那两段旧城墙修建的。

① 体育场（Stade）：指古希腊长度单位（约合 160 米）；古希腊约 160 米长的跑道或有 160 米长跑道的运动场。

在确定了城市的未来规划以后，伯里克利终于可以着手给予或者说恢复这个城市本来的面貌了。在第二次希波战争以后，在雅典的煽动之下，一个为帮助希腊世界抵御波斯人再次入侵的同盟诞生了。这个同盟的金库最初设立在提洛（Délos），公元前454年被转移到了雅典。为了报答雅典人的厚爱，同盟商定此后将把六十分之一的捐款供奉给雅典娜女神：很显然，雅典把尽可能地替女神花费这笔“崇敬的贡金”作为自己的职责。

在挖土工人的时代过后，人们终于迎来了建筑师的时代，但是城市设计师的时代却永远不会来了。就像希罗多德说的那样，波斯人摧毁的不仅仅是官方建筑，还有城市本身，那些房屋和街道。但在清理废墟的时候，人们却从来没有考虑过城市重建的问题。按照亚里士多德所说，那时候米利都（Milet）的希波达莫斯（Hippodamos）正忙着绘制比雷埃夫斯港的设计图，这是一份完全正交的设计，或者如果愿意的话，可以说是棋盘式设计，这种模式就像我们知道的那样，在旧时的雅典大获成功……在新时期，我们俗称它为希波达莫斯计划。与白手起家的比雷埃夫斯港不同，雅典市承载着太多的历史，这些历史对于雅典人来说是特别珍贵的财富。

就像后来的罗马一样，因为同样的原因，这座城市也一直保持着不协调与怪诞，街道狭窄而曲折，就像勒·柯布西耶（Le Corbusier）谈到阿格利真托（Agrigente）时说的那样，“设计出这种布局的建筑师肯定是头蠢驴”。刘易斯·蒙福德（Lewis Mumford）在《历史中的城市》（La Cité à travesr l’histoire）一书的综述中，在对雅典卫城进行详尽的描述后，引导人们联想到“脚下那片混乱的堆积物”。我记得当我还是个年轻的文科预备班学生时，在读到查尔斯·皮卡德（Charles Picard）的那本名为《古典希腊生活》（La Vie dans la Grèce classique）的优秀小说时，内心被深深地震撼。那时我仿佛想象出一个用粉笔勾勒的、温克尔曼（Winckelmann）式的全白大理石风格的雅典，这位学者和精神考古学家使一个由台地和阶梯组成，充斥着各种声音、气味和色彩，像迷宫般的马格里布市（Maghreb）映入我的眼帘。总之普拉卡街区（Plaka）的游客减少了。只有卫城的南边发展成了古城，而北边则没有。

古代雅典的住房被随机分布在断头胡同和小巷子中，相当狭小也十分不便。埃德蒙·阿布曾难掩失望地写道："若非历史确实如此，人们永远不会相信这样的贫民窟是有人居住的。"不过在我们所接触的小部分住房中，确实很难找到能与之相当的有壁画和镶嵌画装饰的提洛的希腊式房屋，更不用说庞贝（Pompéi）、赫库拉尼姆（Herculanum）或斯塔比斯（Stabies）的罗马别墅了。

雅典的房屋通常是在石基上用泥砖砌成的，有一层专门给妇女居住，整体房屋遵循着极为简单的规划，围绕着四个基本组成部分：庭院及通往外街的过道，男人们的房间（andrôn）或接待室，以及北面的前庭和客厅，它们可以通向门廊（pastas）并且沟通庭院。传统的宴会通常在男人们的房间中举行，例如年轻时的阿伽颂（Agathon）为了庆祝自己的第一部悲剧作品诞生而请朋友们参加的聚会，苏格拉底也在其中。

在古雅典，就像在古罗马一样，有很多街区，邻里之间没有很多财富和社会地位的差别，不存在像纳依-奥特依-帕西（Neuilly-Auteuil-Passy）这样的富人区[1]。富人和穷人们混住在一起，好像在生活中每一天，三个阶层的人都混在一起，或者更好的说法是，可以将人口分为三种类别：拥有完整权利的正式公民（身份特定为父亲是雅典人的男性，女性除外。从伯里克利时期起，特定为父母皆是雅典人的男性）、居住在雅典的外国侨民（指外国

① 纳依－奥特依－帕西（Neuilly-Auteuil-Passy）是指巴黎市西部的一部分及其附近郊区，这个地区通常被称为巴黎最富有的地区之一。

油画《会饮篇》，[德] 安塞姆 · 费尔巴哈 绘

人，大多是古希腊人，住在城市中享有和公民一样的法律保护，但是无法行使政治职能）、奴隶。

对于那些想体验当时雅典人生活的人来说，没有什么比阅读阿里斯托芬（Aristophane）的戏剧更合适的了，如果可能的话，可以看看维克多·亨利·德比杜（Victor-Henry Debidour）的诙谐译本。我们将会碰见直接从战场赶来的贾斯汀内特（Justinet）（在《阿卡奈人》剧作中），他就在普尼克斯（Pnyx）[①]的台上等着，还不时地挠挠屁股，这样，一旦所有闲逛的人都被斯泰基的弓箭手打倒时，大会就可以开始了。老克勒翁（vieux Chéricléon）（在《马蜂》剧作中）为了消除儿子的警惕，试图用与尤利西斯（Ulysse）一样的伎俩去满足他在这个伟大时代的唯一狂热爱好：参加陪审。讨人喜欢的达比维塞特（Démobilisette）（在《吕西斯忒拉忒》剧作中）准备将自己和朋友们封锁在雅典卫城的山顶上，组织一场妇女罢工，以获得最终的和平（当时正处于伯罗奔尼撒战争期间）。

但在伯里克利时期，如果只算雅典城市而不算雅典城邦，只算“阿斯图”而不算“科罗拉”的话，雅典究竟能容纳多少居民呢？对于这一点，历史学家通常都缄口不言。他们遇到的最大难题就是在人口总数问题上达不成共识。摩根斯·汉森做了如下计算，但遗憾的是，他没有说明所有的计算标准（他是根据什么得到面积与人口之间的关系的？）：“如果我们假设从城市走到边境最多是一天的路程，那么也就是半径约为30千米，总领土大概就是3000平方千米，那么所能容纳的人口总数最多是30万人。雅典的国土面积是2500平方千米，所以在公元前4世纪时，人口至少应有20万，其中至少有3万是成年男性公民。”

① 普尼克斯，位于希腊首都雅典市中心的一座小山，是古代雅典城邦公民议会聚会的地点，用以对法案进行投票或是驱逐成员。小山上会摆放一块巨石平台以供演说者站立。

这些预估应比实际少了一些：就连作者本人不都让我们往上调整数据吗（他重复了两次“至少”这个词）？我们现在所掌握的关于这个问题的唯一近乎准确的资料，是公元前4世纪末，法勒鲁姆的德米特里（Démétrios de Phalère）进行的人口普查：因为数据结果在词汇问题上存在很大争议，所以如果我们正确解析这些结果的话，可以得出居民人数达到了40万。罗伯特·弗拉切利耶（Robert Flacelière）甚至说过“在阿提卡地区有50万人生活”，这似乎有些夸张了。因此，为何不采用30万这个中间数值，而且看上去也相当合理的数字呢？

此外，我们还要将这30万人口分摊到城市和乡村中去。因为今天我们生活在一个农村空心化而人口大量外流至城市的世界，所以，我们极有可能得出三分之二的人在“阿斯图”，而只有三分之一的人在“科罗拉”的结论。然而在那个时代，生活在乡村的人要比现在多得多，而城市的人口则少很多。在古雅典，城市的中心地带有很多空地：菜园、橄榄树林，甚至是纯粹的荒地。约公元前354年，色诺芬（Xénophon）在《经济论雅典的收入》（Sur les revenus）一书中曾有关于居住在雅典的外国侨民的讨论：“既然我们在城墙内有大量的空闲之地，那么城邦或许可以允许那些提出申请并且被认为是最合适的外国侨民拥有可用于建筑的土地。”不过我们不是特别明确此处所指的究竟是城市围墙内，还是雅典长墙内。

修昔底德告诉我们，在公元前431年斯巴达人到来的时候，有很大一部分雅典人在乡下保留了“家庭聚居地和住所”，这使我们的研究沿着正确的轨迹行进。摩根斯·汉森曾对希腊历史学家说，其中有一半以上的人是通过文字强行写出来的。因此，雅典本身的居民总数将在10万（如果按照丹麦历史学家的说法）到15万之间。

其实最后这个数据和色诺芬在《回忆苏格拉底》（Les Mémorables）中提供的另一个信息是吻合的："苏格拉底在思考某个问题时曾说过，这座城市包含了一万多栋房子。"这也是色诺芬在《经济论》（Économique）中对家庭物品计算中的依据，也就是一万栋。在这方面，让我们回顾一下，虽然说雅典的一栋房屋大多只住一户人家，但从最广义的意义上来说，就像罗马也会是这样的情况，其中很多房子事实上是"大型的集体住宅，类似于我们今天的公寓楼"，是由几户人家共同居住的。

这座还未定型的城市，所有的一切都是扭曲的。在这里既没有笔直的大街，也不存在房屋之间的空当（现代雅典几乎还是这样的情况），没有铺砌石板的街道很快就变成了垃圾堆。然而，几十年后的今天，这座城市却因为一些最美丽的人文瑰宝而变得绚丽多彩。公元前5世纪时的那份建筑清单令人印象深刻，其中大部分是由伯里克利倡议的：不仅有神庙（帕特农神庙、厄瑞克忒翁神庙、赫淮斯托斯神庙），还有一些公共建筑（希腊圆形庙宇、新大礼堂、柱廊、音乐堂等等），此外还有卫城山门。

正如唐纳德·卡根所指出的那样，虽然其中许多古迹已经很遗憾地消失了，但令人震惊的不仅是这些古迹的数量，更是建造这些古迹的速度。普鲁塔克用他锐利的辞藻写道："伯里克利的杰作更加使人敬佩，因为它们在短时间内完成，却注定会长时间留存于世。"

为什么会诞生这种奇迹呢？只是为了实现康德定义的那种"无止境"的美吗？其实这样想，是因为遗忘了这些古迹都具有共同的功能：宗教、社会和文化功能。同时更是忽略了它们身上所承载的最狭义也最广泛的政治意义。因为伯里克利做的伟大工程需要材料和人力资源，所以能让他的全体选民高兴，这一点其实庇西特拉图也明白。通过他们的设计和装饰细节，来歌颂战胜外族的胜利、颂扬民主国家的可贵，从而促进雅典公民教育的发展。最后，他们用自己的光彩，向世界大声、清晰地宣告：城邦的威望与辉煌远远超出了阿提卡地区的边界。

与其像博物馆中的一览表那样，一一列举公元前5世纪雅典的伟大成就，不如让我们把它们放入历史背景中，然后沿着雅典娜女神节游行队伍的行进路线，穿越回伯里克利时代的雅典。此次游行的目的是向雅典娜·波利亚斯（Athéna Polias也就是城市的守护者）奉献一件崭新的绣袍。小型的雅典娜女神节每两年举办一次，大型的每四年举办一次，游行路线通常是从陶瓷公墓到雅典卫城，途经阿哥拉。

地米斯托克利设计的围墙一共有好几道被重兵把守的城门。其中最重要的有两道，一是在城市西北边的圣门，通向与它同名的大道，之所以名为“圣门”，是因为它通向埃莱夫西纳州；二是双门，通向陶瓷公墓，再往后是柏拉图授课的学院。值得一提的是陶瓷公墓，它其实是一个位于“城墙外”的城市大型公墓。在战争时期，战死的士兵都会被安葬在一个名为“德莫西翁公墓”或公共墓地的特殊围地里。而且在战时，每一年都会在这里举行一次葬礼，在众人面前为死去的战士举行悼念仪式。

游行队伍在双门（Dipylon）前形成。公元前4世纪初，此处建立了一座晚期建筑，也就是庞贝城（Pompéion），作为仓库、衣帽间和宴会厅，供参与者使用。最终这些都修建完成了。船只已经装配在轮子上了，女神的新绣袍也挂在桅杆上了。每个人都再次确认已经各就各位，游行队伍终于可以向东南方向行进了，向着阿哥拉的方向。

如图所示，虽然它现在已经确定了最终的位置，但是要花将近三个世纪的时间才能打造好。对古希腊人来说，“阿哥拉”代表的是一个具有多种

油画《雅典学院》，[法] 雅克 · 路易 · 大卫绘

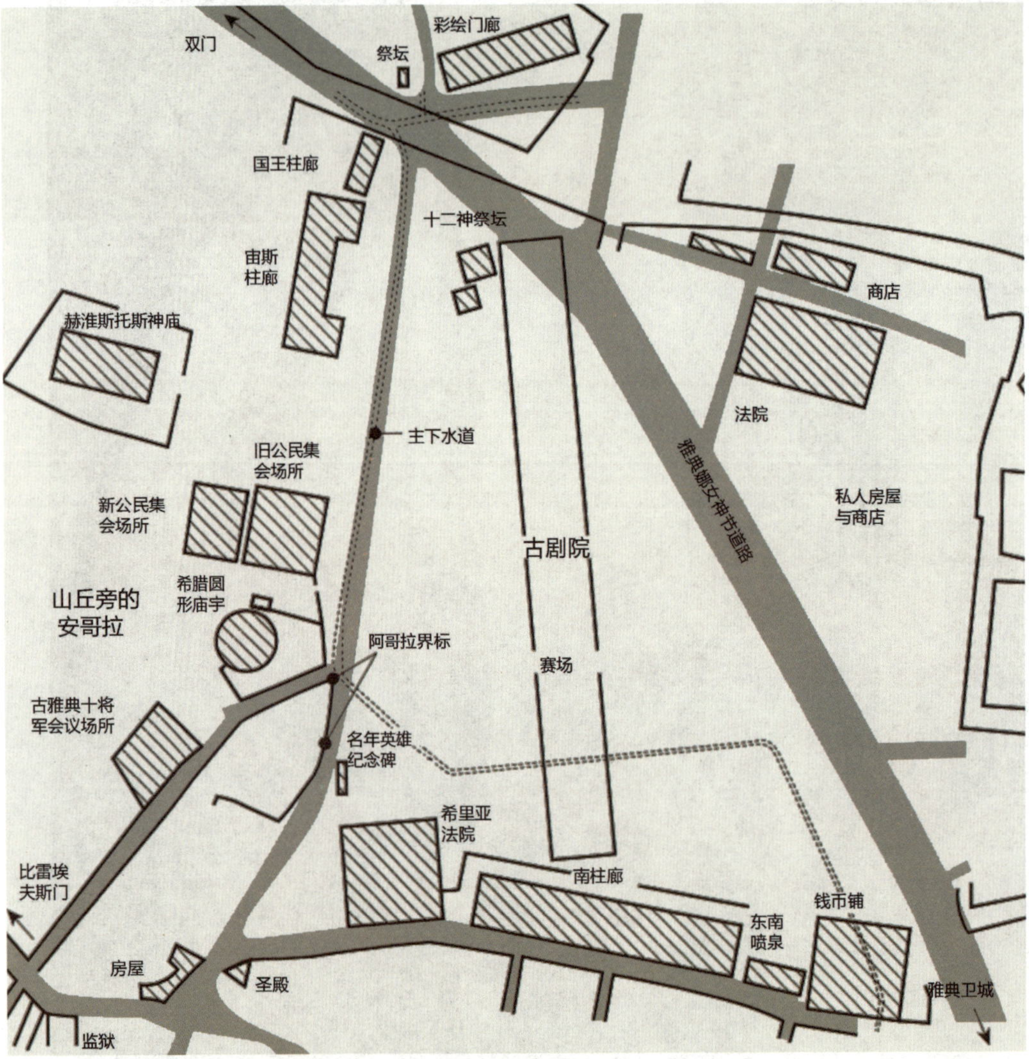

公元前 5 世纪的阿哥拉集市平面图

用途的地方：是“一个向各种贸易、政治、文化和宗教生活开放的公共空间”。在这个方面，希罗多德讲述了一件有重要意义的逸事：居鲁士是薛西斯的祖父，有一天，他收到了来自斯巴达人通过传令兵发来的警告，让他“不要破坏希腊的任何城市，因为我们将无法忍受”。居鲁士在向亲信询问过这些竟敢用这种方式训诫他的奇怪的人的来历之后，回复说：“我还从未惧怕过那些在城市中心某个地方聚集，且用宣誓的方式来互相欺骗的人。”

虽然雅典的阿哥拉从严格意义上来说并不在城市的中心，但它确实是城市的象征中心。在公元前521年左右，小庇西特拉图（Pisistrate le Jeune），也就是希皮亚斯的儿子和庇西特拉图的孙子，在阿哥拉上建造了十二神殿。在十二神殿中，有一个名为翁法洛斯（Omphalos）的祭坛，意指“大地肚脐”，从此处可以丈量雅典与其他城市的距离，就像今日巴黎圣母院门前广场上的青铜铺路石一样。

如果需要的话，说明阿哥拉模版特点的还有另一个例子。在喜剧《鸟》（Les Oiseaux）中，阿里斯托芬让我们见证了一座名为“云中鹁鸪国”的虚构城市的建造，便是由设计构建阿哥拉开始的。一位声称是米利都的希波达莫斯弟子的建筑师参与了设计，他一边将脚滑稽地踩进一个圆圈的等积正方形中，一边对众人说：“我将运用一个正方形来进行测量。用这样的方式，你看，圆圈变成了四边形，并且中间会有一个环形交叉路口，各条笔直的街道都准确向心地通向这里，并且就像恒星一样，直射的光线会根据圆环的准确圆度向所有方位角辐射。”

显然是为了更加方便，原本位于阿哥拉上的市场，按照当时的说法，很快就根据产品分类被安置在“圆圈”的周边。但一直到后期，阿哥拉都一直在其梧桐树荫下庇护着许多商业活动，商店和工匠摊位比比皆是，例如苏格

古阿哥拉复原图

油画《赫淮斯托斯与忒提丝》，[英]凡·戴克 绘

拉底喜欢光顾的那家补鞋匠西蒙的店。

阿哥拉同时也是一个交流声不断的地方，整个城市的人，包括外国侨民在内，都喜欢在这里进行激烈的探讨。除此之外，这里还是一个宗教庆祝和纪念的场所。诸神可不仅仅住在雅典卫城。在神岩之下，有无数形式各异的建筑供奉着他们。在公元前460年至公元前450年间，伯里克利让人在那个俯临西部地区阿哥拉的“集市旁的山丘”（Kolonos Agoraios）上建造了赫淮斯托斯神庙（Héphaistéion）。这座多利克柱式的神庙，曾因其装潢被长期称为赛西翁神庙（Théséion），用来庆祝雅典国王的传奇功绩。赫淮斯托斯是一个瘸腿的铁匠，是守护所有手工业者的神，所以让他来守护阿哥拉是最好的选择。2004年9月，雅典举办残奥会时，主办方想出了一个绝妙的主意，选择在赫淮斯托斯神庙附近举行开幕式，灯火通明的神殿中隐约传来守护神的阵阵锤声……

公元前 5 世纪的雅典卫城复原图

1. 雅典娜胜利神庙的基座
2. 雅典娜胜利神庙
3. 阿格里帕纪念碑基柱
4. 通往卫城山门的斜坡道
5. 卫城山门
6. 卫城山门（北翼）
7. 卫城山门（南翼）
8. 阿尔忒弥斯神殿
9. 雅典娜神殿
10. 卡尔科特基大殿
11. 雅典娜雕像
12. 帕特农神庙
13. 罗马与奥古斯都庙
14. 潘迪翁庙
15. 仓库
16. 宙斯祭坛
17. 雅典娜祭坛
18. 厄瑞克忒翁神庙
19. 凯克洛普斯庙
20. 潘德罗索斯庙
21. 古雅典娜神庙
22. 阿勒菲普勒斯之家
23. 体育馆（Sphairistérion）
24. 迈锡尼阶梯（接近地下水位）
25. 通往环形路的阶梯(Péripatos)
26. 住宅和当地行政机构等等

同样是在这个特色公民场所阿哥拉上，有许多对城市运转至关重要的建筑，例如希里亚（Héliée）法院就极有可能建于此处。伯里克利也在这里留下过印记。多亏他，人们拥有了公民集会的场所（Bouleutérion），在此处有城邦中最重要的参议团体——五百人议事会。除此之外，还有希腊圆形庙宇（tholos）——一座因其圆锥形的屋顶而获得“草帽”绰号的圆形建筑物，同时这里也是执政官们，即相当于参议员们聚集的场所。在这个火苗永不熄灭的城邦集会场所，只有雅典最重要的人才可以居住。正因如此，苏格拉底才想余生都住在此处，因为他认为自己已经为同胞们提供了最好的服务。

尽管这种逐步的“纪念碑化”或多或少都会使其西部地区（宙斯·伊路瑟里奥斯〔Zeus Eleuthérios〕门廊、皇家门廊）被合理开发，但阿哥拉还是会长期保持多用途空间的功能。就像西班牙小城的广场，只需用手推车堵住出口，就可以作为角斗场使用。在建筑工程等待兴建的过程中，通过点缀一些匆匆忙忙拼装而成的木质看台，这里有时就会变成一个剧院，甚至更简单一点，还能变成一个田径场，用来举办一些体育赛事。

在迂回穿过阿哥拉之后，雅典娜女神节的游行队伍继续向雅典卫城进发。她的右边，也就是西边，便是普尼克斯山，也就是古希腊雅典的人民议事会和亚略巴古所在的小山。因为是最高法院和国家议会的所在地，这里被誉为城邦最重要和最受尊敬的地方之一。今日的普尼克斯山只不过是冬天风吹、夏天日晒的白垩质土堤，但历史上，它应该经历过三种形态的转变。由于考古学家对具体的年代细节总是达不成一致，所以只能做出大致区分：第一种形态很有可能出现在克里斯提尼改革后；第二种大约出现在公元前403至公元前404年，是在三十僭主倒台后完全改造的形态；第三种是由吕古格（Lycurgue）在公元前4世纪的最后25年稍作修改之后的形态。尽管第一种和第二种的位置发生了变化，但总体的形式从未改变过：一个人潮拥挤的半圆

古雅典投票器复原图

梯形会场，必要时人们可能只能坐在地上，演说者面对着看台上的层层观众进行发言。

要是想更好地了解人民议事会是如何运作的，不妨去参观一下阿哥拉博物馆。这个博物馆虽然小，但特别热闹，布置得也特别好，里面还有一台令人惊叹的投票机——古雅典投票器（Klérotérion）[1]，它的可靠性可以媲美今天的电子装置。恕我直言，民主不仅仅是原则，也是手段与技术，并且用戈比诺的玩笑话来说，这些技术（典型希腊话用语）完全被“自称是雅典民主派的四万名贵族”所拥有。

离开两座小山之后，游行队伍进入了前往卫城山门的坡道，这也是进入雅典卫城的必经之路。自从战胜了波斯人之后，雅典卫城就不再是一个具有堡垒和神庙双重功能的结合体了，从那以后，它便完完全全地变成了一座单纯的神庙。卫城山门是由姆尼科勒斯（Mnésiclès）在公元前437年至公元前432年间建造的，但其实它从未真正停工，并逐渐被打造为一个有纪念性的门面，其朝向也是伯里克利为了突出雅典卫城整体建筑构成而决定的。那个我们在雅典城中没有找寻到的“规划”，竟然在雅典卫城被发现了。为了实施这项规划，进行了无数的土方工程，使多岩石的高原得以平整。公元前447年至公元前438年间，由伊克蒂诺斯（Ictinos）和卡里克拉特斯（Callicratès）建造的帕特农神庙，还有后来的厄瑞克忒翁神庙，都是按照明确的统一计划建造的。

这两座神庙，以及悬垂于入口道路上方的雅典娜胜利神庙，都是在颂扬同一个女神。这位女神从宙斯头中诞生，且一出生便是全副武装的女战士。不过这也不妨碍其他的神，例如狄奥尼索斯（Dionysos）和阿斯科勒庇俄斯

① 古希腊时期的一种随机投票装置。

（Asclépios）在雅典卫城或附近位置获得一席之地。与其说单独颂扬同一个女神，倒不如说是颂扬同一女神的不同方面。希腊人通常把无数形容诸神的修饰语称为祷文，这些修饰词在我们眼里，如果不是自相矛盾的，往往就是高深莫测的。他们把这些修饰语与这个或那个神联系在一起，以此来指定他们的属性、“技能”或者表达寓意。这也是为什么雅典娜在雅典卫城上至少有四种呈现方式。

雅典娜尼基，也就是胜利女神雅典娜，她就像后来被保存在博物馆中的浮雕上所显示的那样：正在重新穿上或者说是脱下她的鞋子，就像要进入一个圣地一样。雅典娜·普洛马克斯，意指在前方战斗的人，以一尊近9米高的巨大青铜雕像为代表，竖立在岩石中间，使得水手们在很远的地方就能看到她头盔上的羽饰及手握长枪的尖头。雅典娜·波利亚斯，是城市的守护者，关于她的一座特别古老的木制雕像（xoanon）就摆放在厄瑞克忒翁神庙的东面，其西面供奉的是古代神话英雄和地狱之神，也就是所谓的大地或地下的世界。最后是雅典娜·帕缇诺斯，是一位贞洁少女，但她的雕像不像那座木制雕像一样是受供奉的雕像，而是一个祭品，被摆放在帕特农神庙的大内厅中。和雅典娜·普洛马克斯一样，这尊雕像也是菲迪亚斯（Phidias）的作品。从最物质的角度来说，她是雅典的一个真正意义上的宝藏，为此专门设计的帕特农神庙就是一个展示的舞台。

游行队伍继续沿着帕特农神庙行进，此处会有讲究的排场等待着他们。随后他们在雅典娜祭坛前面停下，举行祭祀，剩下的祭品则会留在晚上举办喜庆的宴会时食用。在神庙大内厅的塞克斯墙（sécos）的顶部，有一座近160米长的浮雕，即所谓的雅典娜女神节的浮雕。但就连夏多布里昂都没有时间去细看，所以它一直保持着惊人的机密性。“它拥有360多个人像和神像，以及220多个动物形象。据悉，它是雅典现存最大的一幅浮雕构图。”但目前，它的很多组成部分还分散在大英博物馆和雅典卫城新建博物馆中。现在只能等待英国政府的善意，使碎片最终重新归位。

最近，罗兰·艾蒂安（Roland Étienne）、克里斯泰勒·穆勒（Christel Müller）和弗朗西斯·普罗斯特（Francis Prost）在不质疑传统浮雕说明的情况下，认为“文本提供的信息和图像提供的信息之间存在差异”。举例来说，实际上参与了游行的古希腊重装步兵却没有出现在浮雕中，与之相反，出现的是骑兵。所以那些作者总结道：“简而言之，所有出现的这些人物形象，其实不怎么代表宗教游行中的参与者，他们更多体现的是当时不同的军事文化机构和团体。”

此处，我们再来看看伯里克利的计划。首先是关于政治方面的，即歌颂社会制度及其原理。正是秉承着同样的想法，他修建了一个还比较基础的露天剧场，也就是后来的狄奥尼索斯剧院，当时它还是非常简陋的，层层阶梯座位大部分都是木制的，呈“π”状面向梯形管弦乐队（合唱队的中心区）。雅典人的领袖早就明白，剧场的效果远比其他任何演出和仪式效果好，能把人民聚集在一起，引导他们做到同心同德。在它的隔壁，同样是出于这个目的，人们建造了一个近4000平方米的大型集会场所——音乐堂，主要用于欣赏音乐。普鲁塔克告诉我们：“在其内部，有许多排座位和许多圆柱。它有一个由顶点向下倾斜的圆顶，据说是按照古典时期波斯阿契美尼德王朝的国王帐篷的模型和图像建造的。”薛西斯和雅典，一次又一次成为希腊胜利对抗外族蛮人的标志。

这些巨柱型的建筑和奢华的成就，难免会引起人们的嫉妒和指责。普鲁塔克曾绘声绘色地向我们描述当时有些希腊人敢于说出来的话：“希腊自认为是可怖的不公和极度暴政的受害者，因为在这儿，本是强制征收的、用于

水彩画《雅典娜尼基神庙》，[英] 托马斯 · 哈特利 · 克罗梅克 绘

发动战争的钱财，却被花费在遍布城市的金子和装饰品上。就像一位爱美的姑娘一样，用宝石、雕像和神庙来装饰城邦。”

但是伯里克利很认可自己的功绩。同样，他也很肯定自己在军事计划上的策略。在希波战争中，除了比雷埃夫斯港之外，雅典的城市和乡村都不得以做出了许多牺牲。但在那之后，城市和港口形成了筑垒固守的统一阵营，一艘坚不可摧的军舰停在阿提卡大区的一侧。一旦发生新的冲突，只有牺牲乡村地区的居民，而让城市居民的安全得到保障。这也是后来真实发生的事。

为了回击提洛联盟，以及遏制雅典人在爱琴海的扩张，斯巴达人建立了伯罗奔尼撒联盟。冲突便在两个对立的“板块”间迅速爆发。根据地米斯托克利的说法，其中一个是大陆性的，另一个本质上是海洋性的。于公元前445年缔结的《三十年合约》，本应解决争端，没想到只是推迟了终将发生的大战。最糟糕的事情虽然还未发生，但注定要发生。正如唐纳德·卡根指出的“战争的导火索争端通常发生在一个不特别重要的外围地区”。埃皮达姆（Épidamne），也就是现在阿尔巴尼亚的杜拉斯（Durrës），这个城市对于当时的雅典人和斯巴达人来说是非常不出名的，就像萨拉热窝（Sarajevo）在1914年的法德两国人眼里还是鲜为人知的城市一样。但就是在这个城市，运用谷克多的著名剧作的标题来形容，便是“地狱的机器”在此处启动。

公元前431年，在最后一次外交尝试失败之后，斯巴达国王阿希达穆斯（Archidamos）率领重装步兵入侵阿提卡地区，并劫掠其领土。因为斯巴达人当时并不能完全压制雅典人，所以他们小心翼翼地退到了城墙后方，有条不紊地拔掉了葡萄藤蔓，砍掉或烧掉了橄榄树。与此同时，雅典舰队在伯罗奔尼撒西部的拉科尼亚（Laconie）海岸和埃利德（Élide）海岸和敌人纠缠。在第一次战役结束之后，伯里克利用陶器发表了传统的葬礼致辞，以纪念在战争中牺牲的士兵。修昔底德曾向我们转述过这篇致辞，虽然并非一字不差，但大体上都阐述了。在这部名篇中，这位雅典战略家运用“戴高乐式”的言语，有力地歌颂了雅典及其重要性。

第二年依旧是这样相互消耗的场景，但不久之后却发生了一件意想不到的事情：雅典暴发了一场瘟疫。这场疫病就算不能使战争结束，也永久地改变了战争的走向。那么它究竟是不是我们今天所理解的瘟疫呢？以修昔底德的描述为基础，维克多·汉森想弄清楚这种疾病的确切性质，因为它很有可能不是黑死病。“要想体会什么是雅典‘瘟疫’，就得想象一个人患上流感和麻疹，同时还得忍受痢疾和肺炎的痛苦。”

无论这种瘟疫的确切性质如何，甚至它今天可能已经消失了，这场灾难都确实归咎于它。而且这些不幸的避难者被迫生活的坏境条件明显助长了它的传播。人们拥挤在城墙后面以及长墙内，忍受着高温，并且没有丝毫的卫生可言（在平常，就已几乎不存在了）。他们与雅典城的雅典人一起，以骇人听闻的比例被打倒。最近，在离陶瓷公墓不远的地铁站的施工过程中，发现了一个巨大的乱葬岗，里面有上百具骸骨。维克多·汉森曾估计阿提卡大区的人口为20万，而这次疫病的受害者人数可能多达7万至8万人。而且在这些死亡人口中，可能也包括伯里克利本人，因为他于公元前429年失踪了。

在冲突的第一个预警信号出现时，那些建筑项目无疑便停工了，而且人们在很长一段时间内都没有重新开工。这场近三十年无法平息的战争史称“伯罗奔尼撒战争”，对希腊其他地区也造成了深远影响，影响范围远至西西里岛。战争是以雅典人认输而告终的。他们在赫勒斯滂（现代的达达尼尔海峡）的伊哥斯波塔米（Aigos Potamos）损失了大部分舰队，还被围困了好

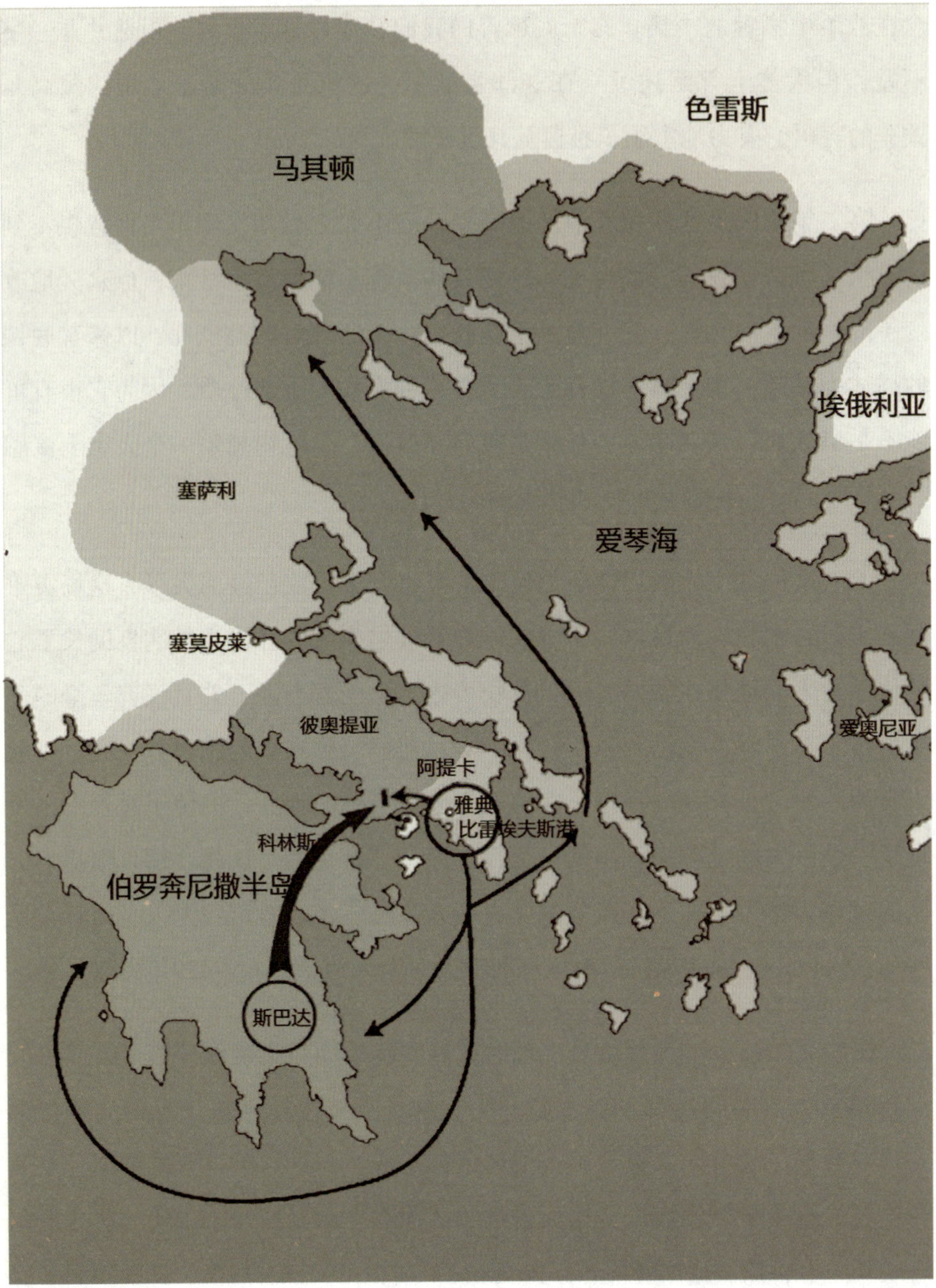

伯罗奔尼撒战争联盟图（粗箭头为斯巴达军，细箭头为雅典军）

几个月，最终在公元前404年，雅典人接受了斯巴达人开出的条件。

有一位底比斯的海军司令曾建议把城市夷为平地，变为牧场，但雅典人最终只是单纯地被迫推倒长墙，并且拆除了比雷埃夫斯港的防御工事。对于他们来说，最痛苦的是要在这个曾经是民主摇篮的城邦中，强行建立一个寡头政权。三十僭主的凶残暴政就像后来的陆军上校一样，但所幸没有持续多久。第二年，经过短暂的内战，雅典重新恢复了民主。

于是，一个相对安宁且稳定的漫长时期终于开始了，大概持续了60年。尽管雅典的帝国梦破碎了，但在很长一段时间内，它将仍是“希腊的学堂”。修昔底德没有使用这个经常被重复的形容语，而为伯里克利准备了以下这句话：“我们整个城邦，都给希腊上了活生生的一课。”但公元前399年对苏格拉底的死刑判决，至今仍是雅典一个不可抹去的污点。

油画《苏格拉底之死》，[法]雅克·路易·大卫 绘

第三章：希腊化时代的雅典

4th B.C. — 1th B.C.

“家园的理念，在希腊内外始终是最美的珠饰。”

公元前338年9月1日（或是8月1日，史学家们还在争论具体日期），在喀罗尼亚（Chéronée），希腊人再一次为自由而战。虽然不是所有的希腊人（他们从来不会全部联合起来，甚至在攻打波斯人的时候都是如此），但是绝大多数人都参加了：主要是雅典人和底比斯人，还有来自科林斯、墨伽拉和优卑亚岛的支援。他们打算堵住马其顿腓力二世的去路，因为他即将从北方入侵维奥蒂亚州和阿提卡半岛。喀罗尼亚的小平原上群山环绕，塞菲斯河横穿而过，两军在此必经之地对峙，虽然人数相当，但是马其顿人还是占上风，这得益于他们在技术上（方阵的队形）和战术上（骑兵部队的使用）的优势，所以他们很快就战胜了对方的重装步兵和盲目无畏且无能的将军。夜里，超过一千雅典人和差不多两千底比斯人战死。

在离利瓦迪亚（Livadia）几公里的地方，我们可以在通往拉米亚（Lamia）的道路附近发现一头大理石狮子。在被转运到大英博物馆昏暗的中庭之前，它和当时的许多同类一样，例如它来自克尼德（Cnide）的好友——那头负责看守死去的勇士的狮子。在当时的情况下，300名来自底比斯神圣营的精兵被集体葬在一个公墓中，他们在喀罗尼亚的土地上被赶尽杀绝，就像在一个半世纪前的温泉关上，列奥尼达国王（Léonidas）的300名斯巴达士兵被赶尽杀绝一样。腓力，他的儿子亚历山大曾在他的身边战斗过，他知道如何对战败者表现出宽宏大量的姿态。他将雅典人的遗骸还给了他们，并且没有继续敌对，而是试图进行和平谈判。所有的囚犯都在没有收取赎金的情况下被送回，并且没有任何政治对手被追究责任。克里斯蒂安·哈比西特（Christian Habicht）将达成的协议总结为："国王给予雅典在内部事务上的充分自主权，但是他强迫雅典解除其海上联盟，并且加入希腊城邦同盟（柯林斯同盟）。"这是在他掌控之下，于次年新创建的一个同盟。当然，雅典还是独立的，但是变成了一定条件下的自主，简言之，就是相互依存下的独立自主。

狄摩西尼（Démosthène）在面对腓力二世时毫不妥协，但是他的同胞们没有因此或因为他之后的失败而对他怀恨在心。几个月后，他还应邀在陶瓷公墓、在阿提卡十大地区部落代表面前，为在喀罗尼亚牺牲的士兵们宣读葬礼致辞。这份被我们保留下来的文本，与其记录的相关事件一样重要。演讲者痛心地说：“如果日光从宇宙秩序中被夺走，我们的余生将只剩下不安和悲哀，就像现在这些勇士被上天夺走，希腊人以往的荣光都将陷入黑暗和深深的耻辱中。”

听到这样的用词，还有其他的言语，就可以理解为什么很多历史学家都认为雅典亡于喀罗尼亚。但是他们指的是哪个雅典呢？是那个想把霸权强加给整个希腊世界的雅典吗？但是这个雅典早在公元前404年就灭亡了。是那个向其他城邦以身作则，有时过度推进实行民主的雅典吗？但是这个雅典在喀罗尼亚一战后，虽然付出了妥协的代价并且经历了一定的兴衰变迁，却仍旧保持活力，并且在未来很长一段时间内都会保持这样的状态。所以说，如果在公元前338年就判定雅典的灭亡似乎有些为时过早。特别是它即将迎来一个特别繁荣的时期，这也是它有史以来最富饶的时期之一。

在莱库古（Lycurgue）的领导下——这位莱库古是一个“管理和财政学的天才”，不要与那位斯巴达几乎神化的立法者相混淆——雅典又恢复了那项在伯里克利时期辉煌过的“伟大工程”政策。在公元前393年，科农重新修建了长墙之后，人们又开始了对地米斯托克利古城墙的重建工作。出于军事（海军依旧是完备的）和经济目的，人们开始着手扩建比雷埃夫斯港，并在此建立了一个军火库，考古学家直到1988年才发现它的踪迹。人民议事会所在地普尼克斯也即将完成几年来一直在进行的修复工作。同时，狄奥尼

铸有腓力二世头像的金币

索斯剧院也正在翻修和美化，人们安装了新的石质看台，同时还为城市中的知名人士设置了大理石座席。

但是莱库古对这些改进并不满足，在他的倡议下，许多新的建筑得以诞生。例如一座旨在举办大型雅典娜女神节的体育场，它虽然经历了很多变化，但是直至今日依然存在。还有一所很快成名的“快犬”公共体育馆，但什么都没有保留下来。此外还有位于狄奥尼索斯剧院下面的多利安柱式门廊，根据维特鲁威的说法，这是为了让观众以及前来参观神殿的朝圣者可以在附近躲避恶劣天气。就在这个早已坍塌的门廊不远处，矗立着让夏多布里昂着迷的、古雅典最奇特的遗迹之一——雅典奖杯亭。

从公元前335—公元前334年起，这座奖杯亭便位于特雷皮德街（La rue des Trépieds）边，现在这条街道已经消失了，但当时这是通向狄奥尼索斯剧院的通道。这座精致的大理石圆形建筑物有三层楼高的基座、六根柯林斯柱以及纪念狄奥尼索斯的门楣。在17世纪时，它被并入嘉布遣会（capucins）修道院，因此躲过了被毁坏的一劫。后来它也被称为狄摩西尼的顶塔。事实上，雅典奖杯亭是一种由合唱队出资人建立的还愿物，即一种感激的赞助，出资人为自己资助的儿童合唱团在大酒神节（les Grandes Dionysies）中获胜而感谢神明。而在奖杯亭的顶端，是奖赏其竣工的一座铜鼎。

公众和私人的创造积极性是雅典公民生活真实复兴的不可否认的现象。在这方面，罗兰·艾蒂安甚至谈到了“民主反应”。无论如何，雅典人并没有因为喀罗尼亚的失败而落魄，相反，正如我们今天所说的那样，他们表现出了惊人的韧性。莱库古和他的拥护者，他们真的相信自己可以复原伯里克利时代吗？无论他们的真正意图是什么——当然我们也永远不会知道——他们都利用了历史上偶然存在的、宝贵的动荡平息时刻。公元前336年，腓力二世遭刺杀身亡。为了继承和发扬他的宏图，他的儿子亚历山大开始了征服波斯帝国的征程，并一直走到了亚洲中心地带。雅典在这段长期默默无闻的日子中休养生息、随心所欲。但这显然只是缓兵之计，也就是所谓的“莱库古时代”——既不属于雅典顶峰的古典时代，也不属于希腊化时代。

这段间歇期，即使是最愉快的一段插曲，也终会结束。公元前323年6月10日，亚历山大大帝死于巴比伦（Babylone）。近四十年来，他的将领们，也就是争夺继承亚历山大大帝帝位的各个统帅（也就是继业者），对继承

腓力二世死后的马其顿帝国版图

权开展了激烈的争夺。直到公元前280年，地中海和东方世界才终于稳定下来，最终形成了三个大国，分别为马其顿的安提柯王朝（Antigonides）、亚洲的塞琉古帝国（Séleucides）和埃及的托勒密王朝（Lagides）。此外，自公元前262年起，还加入了脱离塞琉古帝国控制的、在阿塔罗斯王朝统治下的帕加马王国。

面对亚历山大大帝之死产生的新局面，雅典认为其可以恢复到喀罗尼亚战役之前的样子，也就是完全独立自主的状态。在广泛缔结联盟——特别是与埃托利亚人缔结了同盟，并拥有了一支由莱库古大大增强实力的海军之后，雅典与马其顿及其摄政者安提帕特罗斯（Antipatros）（又称安提帕特〔Antipater〕）进行了一场战争。这场战争有时被称为拉米亚（Lamiaque）战争，取名自在战争中扮演关键角色的拉米亚城，有时也用一个直接表达其利害关系的词命名，即希腊战争。

公元前322年7—8月，雅典在海上

油画《亚历山大的伊苏斯之战》，［德］阿尔布雷希特·阿尔特多费尔　绘

遭遇大败，甚至比在陆上作战还惨烈，这使雅典和它的舰队彻底失去了地位。而且雅典的机关和政权也直接受到安提帕特罗斯强加的残酷形势威胁。雅典由此建立了一种纳税民主制，正式公民数量从2.1万人下降至0.9万人。为了更好地监视雅典，安提帕特罗斯还在比雷埃夫斯港的要塞中长期添设了马其顿驻军。公元前319年，安提帕特罗斯之死终于给了雅典一个喘息的机会。但是他的长子卡山德（Cassandre）艰难继位之后，很快着手重新处理了这些事情。法勒鲁姆的德米特里便被他以特派员的名义，派遣至雅典城邦担任首领，并对雅典实施了十年（公元前317—公元前307年）单独治理。

有关这个令人感叹的角色，也就是有关这位“哲学家僭主”的描写非常之多，他是泰奥弗拉斯托斯（Théophraste）的朋友，也是米南德（Ménandre）的庇护者。在西塞罗（Cicéron）看来，他横扫了整个希腊，是唯一一位既是杰出的政治家又是优秀的作家的人。卡劳德·莫塞（Claude Mossé）也明显被他吸引，毫不犹豫地评价他为“雅典史上最后一位伟人”，不过这似乎有些夸张了。法勒鲁姆的德米特里颁布了许多法律，特别是那些在他去世后还幸存的、有关限制奢侈的法律，例如禁止在陶瓷公墓中树立名誉纪念碑。希腊历史学家萨摩斯的杜里斯（Douris de Samos）差不多是他的同代人，所以对他的描写不乏趣味：“他与一些女人有秘密关系，并且与一些年轻人夜恋，（他）给别人设置法律，规范他们的生活，自己却过着没有规矩的生活。但是他很在意自己的外表，将头发染成了金色，并把脸打扮得粉嫩嫩的。”

公元前307年，在另一位同名的、不是作家而是王子的，而且骁勇善战的德米特里到达比雷埃夫斯港的时候，这位被同胞们所称颂的金发碧眼的、外表就像太阳（Héliomorphos）一样的哲学家被迫退位了。但是他的仕途并没有就此结束。这位虽然丧失权力，但是才华横溢的僭主来到了亚历山大港避

油画《亚历山大大帝在格拉尼科斯与波斯人的战斗》，绘者不详

难。这是一座正在全面扩张的新兴城市，在托勒密（Ptolémée）的有效推动下，各种创新举措层出不穷。在那里，他帮助创办了博物馆和图书馆，并担任这两个馆的首任馆长。显然，这第二种生活比第一种更加适合他。权力对于文化人来说，从来都不是好事。柏拉图作为知识分子，应该是最早经历这种苦难的人之一。

那位德米特里王子（后被称为“围城者”）从他的“独眼的”父亲安提柯一世（Antigone）那里，得到了“解放”希腊的任务。事实上，就是安提柯一世通过损害劲敌卡山德的利益来扩大自己的势力范围，他与卡山德为了争夺马其顿的控制权而公开开战。但是，雅典人完全沉浸在从无法承受的枷锁中解脱出来的欣喜若狂之中，将他和他的儿子看成“救世神”。这就是雅典人授予他们的称号，在献给真正的崇拜和信仰之前，就像献给德米特里和狄奥尼索斯那样，这在城邦的历史中是绝无仅有的。不过这也预示着时代要改变了。

于是在公元前307年，雅典开始了一段漫长的介于自由和限制之间的时期，这种状态一直持续到公元前229年。在这段雅典不再有能力抵抗冲突对峙的时期，我们可以发现在德米特里离开后，卡山德又出现了（公元前300—公元前295年）；而卡山德离开后，又一个德米特里出现了（公元前295—公元前287年）。在这些灾难的交替之后，雅典暂现了25年的独立（公元前287—公元前262年）。但随后马其顿又迫使其臣服（公元前262—公元前229年）。简而言之，雅典由此诞生了一部过程充满坎坷的五幕剧，并且除了哲学熏陶以外，没有给雅典带来多大的荣耀。

第一幕：德米特里首次统治（公元前307—公元前300年）。普鲁塔克撰写的《传记集》中有一篇是专门描写他的（其中可以很明显地看到德米特里

- 安提柯一世（独眼）（公元前306—公元前301年）
  - 德米特里一世（围城者）（公元前294—公元前283年）
    - 安提柯二世（戈努斯人）（公元前277—公元前239年）
      - 德米特里二世（公元前239—公元前229年）
        - 腓力五世（公元前221—公元前179年）
          - 珀耳修斯（公元前179—公元前168年）
    - 斯特拉托妮可
      第一任丈夫：塞琉古一世
      第二任丈夫：安条克一世
    - 德米特里（美男子）
      - 安提柯三世（许诺者）（公元前229—公元前221年）

安提柯家族族谱

与安东尼是被对照、比较着描写的）。这位马其顿王子受到了无上荣光的迎接，在这个不知道该如何讨好他才好的城市里，他开始随心所欲做自己想做的事情。就像在让·雅南（Jean Yanne）执导的《解放军在巴黎》一片中描绘的那样：雅典人让这位王子住在帕特农神庙的后殿中，即最西边的区域。德米特里和之前那位与他同名的人一样贪图享乐，立刻带着情妇们搬到了那里。当时生活在利西马科斯宫廷的一个喜剧诗人菲迪皮德斯（Philippidès）笑称："（他）把雅典卫城变成了一个妓院，而后把妓女们安置在贞女（即雅典娜）之家。"但德米特里知道如何感恩，雅典人因此得到了大量的小麦和可建造一百艘战船的木材。人们花重金重新修建了城墙，并且在大部分围墙上建造了盖廊。

第二幕：卡山德二次统治（公元前300—公元前295年）。安提柯（战死于此次战役）和德米特里在弗里吉亚（Phrygie）的伊普苏斯（Ipsos）战役中的失败，导致了一个不可避免的反弹，即卡山德再度归来。就像他在公元前317年利用法勒鲁姆的德米特里为其勤恳效力一样，这次他指任了一位名为拉查雷斯（Lacharès）的人民领袖，此人还是雇佣工的头目。但后者对德米特里的强势回归无能为力，只能在地中海地区放任自流，还打算从卡山德的死中获利。他还试图剥去雅典娜的克里斯里凡亭雕像[①]的黄金外饰，用以支付士兵们的军饷，但没有得逞。德米特里已经切断了雅典的供应线。连伊壁鸠鲁（Épicure）都开始清点分发给门徒食用的豆子数量。他们不得不屈服了。

第三幕：德米特里二次统治（公元前295—公元前287年）。许多雅典人都是支持拉查雷斯的，因此他们担心那位已经成为国王的人会再度归来。就在这时，在狄奥尼索斯剧场里，发生了一个令人惊讶的小插曲，这也是历史上最令人震惊的一幕。普鲁塔克为我们详细地叙述过这件事情："他（德米

① 克里斯里凡亭：一种雕塑制造技术，即在木材上另加象牙色雕成的肌肉和金制的衣饰。

油画《古希腊哲学家》，[意]乔凡尼·吉罗拉莫·萨沃尔多 绘

特里）命令所有居民聚集在剧院里，并且武装包围了舞台，在演员的台子上安置了警卫，然后自己像一个悲剧演员一样从上面的通道走下来，这进一步加深了雅典人的恐惧。但是，自从他开始讲话，他们的恐惧便不翼而飞了。他既没有抬高音量，也没有说尖酸刻薄的话，仅仅是用轻柔友好的话语责备他们。”他的力量丝毫没有减弱。为了防止发生叛乱，他在城中心的缪斯山设立了驻军。而且他秉承着非但不民主，反而更加寡头政治的意志，改组了那些他曾许诺要重新建立的机构。

第四幕：重新赢得的自由（公元前287—公元前262年）。十年来，那位“救世主”也变成了压迫者。总算重新团结起来的雅典人正等待着合适的时机造反。在公元前287年，他们认为时机已成熟。受病痛削弱的德米特里被皮洛士（Pyrrhos，也称Pyrrhus）打败后，只能选择妥协。他在条约中承认了雅典城的独立，但是马其顿驻军依然看守

素描画《奥林匹亚宙斯神庙》，[法] 菲利克斯 · 邦菲尔斯 绘

比雷埃夫斯港和阿提卡大区的主要堡垒。从自由层面说，事实上这只是一半的自由。雅典和比雷埃夫斯港有史以来便是同根，但现在只有前者摆脱了束缚，而后者却仍受监控，并且就这样一直持续了58年。

第五幕：重失自由（公元前262—公元前229年）。为了拔除躯体上的这根刺，雅典于公元前268年打响了所谓的德克雷莫尼德（Chrémonidès）战争，这是以雅典一位政治家的名字命名的战争，因为他在外交上起了决定性的作用。但他并没有获得很好的评价。在公元前262年，经过长期的对峙，雅典协助组建的同盟不得不在安提柯二世（戈努斯人）带领的马其顿士兵面前认输，安提柯二世是德米特里（围城者）的继任者。在最后这位国王的统治期间，任命了一位王室特派员，但可惜其姓名不详。虽然这时传统的行政官权力被削弱，但是仍然保留了下来。

在这个持续了近一个世纪的动荡时期，雅典的样貌几乎没有任何改变，因为现在已不再是建造宏伟的民用或宗教建筑物的时候了，雅典人心不足，财力缩水。若人们再次优先考虑维护工事，例如在雅典卫城或阿哥拉上增添许多雕像，都是为了更好地取悦当时的主宰人。

尽管亚历山大港的吸引力越来越大，雅典这座城市也仍在希腊世界继续闪耀着光芒。在一部大约写于公元前3世纪中叶的名为《论希腊的城市》的短篇中，某位赫拉克里德斯（Héracléidès）表达了自己对雅典的印象——关于这位作者的一切都被人们遗忘了，甚至是他绰号的含义（“克里特岛人”还是……“批评家”？）——这样的一座城市让他失望不已：“城邦完全干涸了，城市供水不足，并且由于年代久远，街道和居民区的水资源供给不畅。大部分的房屋也很简朴，很少有舒适的。”然而在同一句话中，他对雅典的抨击却转变成了称颂：“乍一看，对于外地人来说，会很难相信这是雅典人生活的著名城邦，但他们很快就会相信，因为在那里存在世界上最美的东西。”这位作者同时列举了狄奥尼索斯剧院、帕特农神庙和奥林匹亚宙斯神庙，尽管他们还未完工；还有那三座公共体育馆，分别是吕克昂体育馆、阿加德米体育馆和快犬体育馆，虽然“已经被树木和绿草覆盖”。但很明显，真正吸引游客的是“各种各样的节日，是与各派哲学家们的心灵娱乐消遣，是众多的娱乐活动，是那些常设的演出”。

在这里强调哲学是很有意义的。彼得·格林或许可以丧气地称当时的雅典为“哲学家的知识死路”。但这种诋毁竟出自一位较为了解情况的史学家之口，是出乎意料的，也是经不住推敲的。无论人们对哲学的看法是什么，都无法否认它在公元前3世纪的雅典经历了最辉煌的时期。

赫拉克里德斯提到的三座体育馆，每一座都对应着一所学校，既是教学场所，也是生活场所，有点像英国的牛津或剑桥大学。其中最古老的应该是阿加德米体育馆，柏拉图曾在那儿任教大约40年，它所属的区域大概位于雅典西北部的克洛诺斯小山丘附近的切菲斯河边上。公元前347年柏拉图去世，他的侄子接替了他的职位，后来又有其他的门生继任，其中就包括雄辩术的专家阿赛西拉斯（Arcésilas）。

最近才被发现的、位于该城东面的吕克昂体育馆，是亚里士多德一直住到公元前323年的住所，之所以比较慎重地选择这一年离开雅典，是鉴于他与安提帕特罗斯的良好关系。随后他去了优卑亚岛的哈尔基斯（Chalcis）避难，次年在那里去世。他最喜欢的弟子泰奥弗拉斯托斯接替了他，但是由于与法勒鲁斯的德米特里的友谊，泰奥弗拉斯托斯在公元前307年被迫流放。吕克昂体育馆在托勒密二世（Ptolémée II）以前的导师兰普萨克的斯特拉顿（Straton de Lampsaque）的带领下，继续开展活动，人们对那儿的实验研究

油画《苏格拉底与亚西比德》，[丹麦]威廉·艾科斯伯格 绘

特别感兴趣，包括气象学、天文学、植物学。

最后是位于南方的、离伊里索斯河不远的快犬体育馆（这个词在希腊语里的意思是“白狗”或“敏捷的狗”），这里聚集着犬儒学派的人，所以此地便以他们的名字命名了。公元前4世纪初，安提西尼（Antisthène）在老师苏格拉底去世后，在这里定居下来。但是后人记得最深的却是第欧根尼（Diogène），以及他的教唆话语和大道理。

如果赫拉克里德斯追求详尽的话，他本可以，或者说他本应该提及另外两处地方。虽然它们本不是体育馆，但是在公元前3世纪也充当了著名的创新型哲学中心：伊壁鸠鲁花园和芝诺门廊。公元前306年，伊壁鸠鲁来到雅典，在自己购置的一个花园中，创造了“一个有共同生活规则的社会”。他们关注的是物质，但同时也通过知识寻求智慧。

这也是自公元前300年以来，斯多葛派在门廊下（希腊语中为stoa）聚集在芝诺（Zénon）的身边、在克莱恩特（Cléanthe）和克里西普斯（Chrysippe）的周围，对“好”或“成功”的生活和智慧的探索。这条盖廊是阿哥拉北部的一部分，它真实的名字是彩绘门廊（Stoa Poïkilè），因为它所装饰的画作纪念了雅典从特洛伊围困到马拉松战役的辉煌历史。

伊壁鸠鲁和芝诺都试图为同胞的焦虑不安找到对策，在那个诸事不定的年代，他们开始质疑阿里斯托芬在上一个世纪果断夸耀的价值观、他反叛的和平主义以及对世间的深深眷恋。米南德（Ménandre，也是法勒鲁姆的德米特里的朋友）创作的所谓的新喜剧，不再描写公共生活（市民议事会、法院），而是私人生活。剧作家们描绘的不再是城邦居民，而是有缺点和特殊性的个人：比如说，《恨世者》（dyscolos），与后世莫里哀（Molière）笔下那个愤世嫉俗的人物有相同之处。泰奥弗拉斯托斯是米南德的同代人，他

油画《西诺普的第欧根尼》，[法]让·莱昂·杰罗姆 绘

希腊阿塔罗斯柱廊

也遵循这一方式写作《人物志》一书，拉布吕耶尔（La Bruyère）也从中获得了启发。

在公元前229年，真正的希望终于出现了。雅典的命运又要改变了，这次是往更好的方向，并且一劳永逸。这一次相比史诗，更像是在喜剧的条件下，具体来说是在米南德风格的喜剧下。就像一个家境殷实的青年以黄金之价从贪婪的媒人手中买下一位脸红心跳的少女，就像一个富家女奴讨好主人只为得到自由，雅典人想说服驻扎在阿提卡的马其顿士兵的指挥官，以一百五十塔兰的价格换回比雷埃夫斯港、萨拉米斯岛、穆尼奇和拉姆农特的堡垒。

从公元前229年到公元前86年这近一个半世纪的时间里，雅典经历了许多动荡，但是在大多数情况下，它还是享受着自莱库古时代以来从未享受过的宁静。唯一真正的危险来自马其顿人：雅典的中立政策虽然很精明，但已经站不住脚了，因此雅典不得不在公元前200

年决定迎击他们。腓力五世是安提柯二世（戈努斯人）的儿子，他指使一个中尉攻击雅典，却亲自攻占比雷埃夫斯港。但是两次尝试都失败了。那些早在公元前229年就已经加固的防御工事（古代雅典人一直致力于西西弗斯的永恒之作）一直坚守着。正如蒂托·李维记载的那样，腓力为了报复，决定肆意毁坏乡野。“在之前的劫掠中，他只限于摧毁雅典周围的陵墓。而这次，他不放过任何角落地糟蹋，把每个镇上供奉神灵的神庙都拆掉并烧毁。归因于丰富的大理石资源和艺术家们的天资，阿提卡大区遍地都是这样的杰作，所以这位国王的愤怒得以释放。可他还不满足于拆毁神庙和推倒神像，甚至连石头都让人一并打碎，这是为了防止雅典人利用残留在这儿的完整废墟，将它们重新建造起来。”而将雅典从这场糟糕的风波中拯救出来的，是罗马的干预，当然这只是干预的效果之一。公元前196年罗马人与腓力五世签订的条约，为这个地区带来了持久的和平。从此，没有任何事物能阻挡雅典人的幸福生活。

在刚刚经历的不幸中，这座城邦不仅仅得到了罗马的帮助，统治帕加马王国（Pergame）的阿塔罗斯王国（Attalides）也曾伸出援手。为了感谢他的宝贵帮助，阿塔罗斯（Attale）一世受到了热烈而隆重的欢迎，并被授予了最高的荣誉：雅典人以他的名义建立了一个新的地区部落。从那时起，阿塔罗斯一世和继任者（欧迈尼斯〔Eumène〕二世、阿塔罗斯二世）从未停止过对雅典城的重视和慷慨解囊。效法于他们在帕加马王国实施的计划，正如弗朗索瓦·查莫（François Chamoux）所总结的那样，他们将着手“通过赠予一个宏伟的建筑环境，来组织城邦的市民中心”。

坐落于最错落有致、样式丰富的建筑群附近，阿哥拉终于变得结构清晰、界限分明，这都要归功于几座门廊的修建，波德莱尔（Baudelaire）前世可能就待在这些“巨大的门廊”下。事实上，正是因为这些门廊的尺寸比以前的彩绘门廊要大得多，所以这些新建筑物才有其独特性。而且这些门廊不仅尺寸大，还精美、用料丰富，这些从美国考古学家在1953年至1956年间对阿塔罗斯二世的门廊进行的高超修复中便能窥见。

坐落于曾是雅典最有趣的博物馆之一的所在地，这座长达100多米的双层门廊位于阿哥拉的东侧。还有一座建造于公元前150—公元前140年间，名为正中（或中间）的、长约150米的门廊矗立在阿哥拉的南侧。在公元前180—公元前170年间，随着另一处更南一些的门廊完工，这两座门廊便并在了一起，然后通过一座建筑物，即所谓的东楼，与第一座门廊连接在一起。

雅典卫城也有自己的门廊：欧迈尼斯二世门廊，建在其南侧的阿斯科勒庇俄斯圣所（Asclépiéion）的下边。它的长度超过160米，被指定作为狄奥尼索斯剧院的观众席后的长廊使用。

阿塔罗斯王国并非当时雅典唯一的恩人。塞琉古帝国也一心想展示自己的慷慨大方，安条克（Antiochos）四世在成为国王之前，曾在雅典待了几年，并承诺会重启奥林匹亚的工程，也就是赫拉克里德斯曾对其未完工而表达过惋惜的奥林匹亚宙斯神庙。为此，安条克联系了一位名叫科苏提斯（Cossutius）的罗马建筑师。施工虽然进展顺利，但因为经济负担太沉重而又一次停工了。也有人认为托勒密王朝也介入了。简而言之，大部分希腊化时代的统治者对待雅典都表现得像真正的智者一样，他们公正地将雅典视为共同的家园。

家园的理念，在希腊内外始终是最美的珠饰。克劳德·维亚尔（Claude Vial）详细描写的一个小片段比其他任何论述都能说明这一点，彼得·格林对它也印象深刻。公元前155年，在城邦之间仲裁后，雅典希望能减少被判处缴纳的罚金。它于是寻求新兴力量——罗马的帮助，罗马也曾适时地向它伸

阿塔罗斯一世像

出援手。很快它便派出雅典三大哲学校园负责人作为大使前往罗马：分别是阿加德米学院、吕克昂学院和芝诺门廊的负责人。元老院在听完他们的陈述后，决定减少雅典五分之四的罚款。那三位哲学家都不是出生于雅典的人：第一位来自北非，第二位来自安纳托利亚，第三位来自巴比伦。

油画《亚历山大大帝和波鲁斯》，[法]夏尔·勒布伦 绘

第四章：罗马时期的雅典

1th B.C. — 3th A.D.

“记住，昆图斯（Quintus），你所控制的希腊人，是让所有人都变得文明，并教会他们温柔和人性的人，罗马所拥有的光辉都归功于他们。”

公元前86年，苏拉（Sylla）围攻雅典，但雅典顽强地抵御了进攻。亚里逊（Aristion）僭主和他妻子站在雅典卫城的最高处，嘲讽罗马的将军。但是暗探们最终发现了防御工事中的一个薄弱点：比雷埃夫斯门附近的赫帕查尔孔（Heptachalkon）区。3月1日晚，突击行动开始。一个小缺口被迅速扩大，从而打开了进城的通道。普鲁塔克在大约两百年后描绘了这幅场景："（苏拉）在午夜时分，在号角声和喇叭声中，在全军愤怒的叫喊声中，装备着可怕的武器进入雅典，他给予全军掠夺和杀戮一切的权力。他们手持剑，迅速行进在城市中的每条街道，并进行着最可怕的屠杀……广场上流淌的鲜血填满了整个陶瓷公墓，直至迪皮洛斯（Dipyle）。几位历史学家甚至肯定，鲜血从城门溢出，一直流淌到了郊区。"18世纪的一个神甫多米尼克·里卡德（Dominique Ricard）将其翻译（为法语），他虽精通希腊语，但没有忘记母语，他考究的语言进一步强化了这一场景的恐怖。

在那个"对所有人来说都很漫长"的夜晚，还有随后的数天，无数的掠夺行为在这里发生。考古学家已经可以追踪到苏拉手下的足迹穿过了阿哥拉，在那儿，包括古雅典十将军会议场所（le Stratégéion）和希腊圆形庙宇在内的各式建筑都被摧毁或严重损坏。然后军队到达了陶瓷公墓，随后到达雅典卫城的南侧，在那里攻占了狄奥尼索斯剧场和阿斯科勒庇俄斯圣所。最后，在亚里逊投降之后，军队来到了雅典卫城上，厄瑞克忒翁神庙极有可能被牵连。苏拉还下令拆除城市和比雷埃夫斯港的城墙（包括长墙）：雅典因此在未来3个多世纪内没有任何防御要塞。

为什么如此无情呢？因为雅典人做了错误的选择，他们与罗马最大的敌人——本都王国的国王米特里达梯（Mithridate）结盟了。在公元前2世纪期间，得益于雅典人对地中海的新主宰力量表现出的政治辨别力，新主宰在公元前167年将提洛岛的监管权委托给雅典人以示感谢，但在接下来的一个世

铸有苏拉头像的银币

纪，雅典人对新的权力平衡关系的判断却出现了失误。听任于以古希腊文化为名的哲学流派的影响（亚里逊是信奉伊壁鸠鲁学派的），雅典陷入了一场无休止的战争。

不过罗马人对希腊和雅典青睐有加。它们不是代表了自己选择的形象吗？在千百个其他见证中，我们可以引用西塞罗给他兄弟的这一建议——夏多布里昂将其优美地翻译为："记住，昆图斯（Quintus），你所控制的希腊人，是让所有人都变得文明，并教会他们温柔和人性的人，罗马所拥有的光辉都归功于他们。"正如保罗·韦恩写道："罗马是文化起源于另一民族（希腊）的民族。"让我们用更通俗的方式说，便是罗马人很早并持续性地拥有两种文化：一种是起源文化，即意大利文化，另一种是采用文化，即希腊文化。这在历史上几乎是独一无二的文化上的精神分裂。贺拉斯（Horace）曾说过："被征服的希腊其实已经征服了其残暴的征服者。"其实在公元前146年征服科林斯之前，希腊就已经被征服了，而这次攻占只是以一种残酷的方式标志着希腊世界被罗马世界吞并。

几十年来，雅典人试图用有限的财力，来医治苏拉给雅典带来的创伤。他们看到罗马的执政官在公务旅行中经过，就毫无顾忌地向其勒索、敲诈，韦雷斯（Verrès）和皮索（Pison），都是后来被西塞罗丑化的人，都曾有过"被撕成碎片的雅典"（Athenae dilaceratae）的言论。特别是雅典还见证了公元前1世纪末几乎就发生在家门口的内战，其中希腊无意成为主战场之一，这些战争分别是：恺撒对战庞培（Pompée）、屋大维（Octave）和安东尼对战布鲁图斯（Brutus）和卡西乌斯（Cassius）、屋大维对战安东尼。安东尼曾两度定居于城中。公元前39年，他在这里与妻子屋大维娅（Octavie）过冬，装扮成希腊人的模样以假扮狄奥尼索斯。公元前32年的夏天，他再度回来，这次是和埃及艳后（Cléopâtre）一起。为了纪念他们的主人，雅典人在雅典卫城上竖立了两座雕像，但不久，一场飓风将其掀翻了。

屋大维，也就是现在说的奥古斯都，并不因为这座城市的顺从而对其严苛，现实恰好相反。从公元前27年起，希腊就变为罗马帝国的一个新行省——亚该亚行省（Achaïe），这是一个元老院行省，也就是说，它无军事力量驻扎，且归属于元老院，其负责人是主管司法和安全的省长。这些城市保留了自治权，换句话说，它们拥有内部事务的控制权。尽管该省的省长应该住在柯林斯，然而他却住在雅典，因为其受益于帝国的恩赐，威望犹存。但是这些恩赐也不是白来的。

铸有奥古斯都头像的金币

油画《克里奥佩特拉与恺撒》，[法]让·莱昂·杰罗姆 绘

油画《恺撒之死》，[丹麦]威廉·埃克斯贝尔 绘

油画《荷拉斯三兄弟的誓言》，[法]雅克·路易·大卫 绘

哈德良长城地图

奥古斯都成为宣传艺术名家以后，曾在这座城市多次逗留，并且制定了一个完整的市政官计划，将修复、改造和新建结合起来，所有计划都只为一个目的："像其他地方一样，将雅典纳入颂扬罗马及皇权的总体体系中，通过表达对皇帝及其家族应有的尊重，以标志从共和国到帝国的转变。"

因此，在雅典卫城上、帕特农神庙正前方，建有一座有九根爱奥尼亚柱的小圆形庙宇，旨在供帝王祭祀之用，现在还留存些许残块。人们试图重新启动停工已久的奥林匹亚宙斯神庙的建设，但最重要的是人们决定在希腊阿哥拉的东边建一个新的阿哥拉，所有人一致同意取名为罗马阿哥拉。其实在罗马人干预之前，这里就差不多被当作露天市场使用了。大约在希腊化时代末期，此处建造了一座奇特的建筑，至今仍是雅典最受欢迎的建筑之一，即风之塔，古时游客都想在塔中看到苏格拉底的墓。但事实上，虽然这座塔外表魅力十足，建造技术精湛，但也只不过是一座简单的水钟。

奥古斯都的女婿阿格里帕（Agrippa）对雅典的造访，为奥古斯都的政策提供了新的推动力。这一次直接关系到希腊阿哥拉，因为人们在它的中间建造了名为阿格里帕的音乐堂。这座部分有篷、可容纳千余名观众的音乐厅，在公元267年被赫鲁利人（Hérules）摧毁。同样宏大且意义更为重大的，是将公元前5世纪的阿瑞斯（Arès）古神庙（也是在公元267年被摧毁）从（因阿里斯托芬而出名的）阿卡尼斯郊区转移到了阿哥拉的西北角。在战神阿瑞斯对应的罗马神——复仇者玛尔斯（Mars Ultor）的庇佑下，雅典就这样复刻了罗马，同时完成了奥古斯都广场的建造。

虽然奥古斯都之后的历任皇帝都没有对雅典失去兴趣，但远没有把其放在首位。梅萨利纳（Messaline）鲜为人知的丈夫克劳德（Claude），十分关心雅典卫城通道的重新布置。大概在实地考察以后，他将坡道换成了"更符合希腊和罗马品味的，就像帕加马、林多斯或罗马那样”的雄伟的大理石楼梯。或许还得把将雅典娜女神节石板地面翻修得十分昂贵归功于这位被雅典人称为“救世主”和“恩人”的卡劳德？让我们不要再记恨尼禄（Néron）了吧，虽然他为希腊更为自己疯狂：他从雅典移走了许多雕像来装饰金屋——一座他在帕拉丁山（le Palatin）和埃斯奎利诺山（l’Esquilin）之间建造的巨大别墅。让我们向图拉真（Trajan）致敬，他是克劳德的继任者，通过一条带门廊的宽阔街道，他将希腊阿哥拉和罗马阿哥拉连接起来。接下来则是梦想和成就都远超所有前人的哈德良——公元177—138年间的罗马皇帝。

哈德良醉心于古希腊文化，但与尼禄完全不同的是，他把希腊，特别是雅典作为自己真正的故乡，以至于被别人不客气地称为“小希腊人”（Graeculus）。雅典人在他称帝之前，就已经授予了他执政官的头衔。这个古老的九大执政官团体，包括可以以其名字命名年号的名年执政官在内，早已失去了重要性，但是哈德良还是为被授予的荣誉而深感自豪。

他在希腊有过三段长时间的停留：分别是在公元124—125年，公元128—129年和公元131—132年。玛格丽特·尤塞纳（Marguerite Yourcenar）替他记叙了《哈德良回忆录》。在这部由一个想“睁着眼睛进入死亡”的老人讲述的长篇记述中，他经常去的“干涸金黄的雅典”、它“散发着的热蜜、盐和树脂的香气”，都带着一种凄美的怀念感。

我们恰巧有当时关于哈德良时期雅典的非常详细的记述：来自小亚细亚的希腊人保萨尼亚斯（Pausanias），在公元2世纪下半叶前往阿提卡大区和伯罗奔尼撒半岛环游（因此他的绰号是旅行向导）。这位古希腊旅行者既博学又天真，既批判又轻信，他记下了看到的一切，更记下了听到的一切。他更感兴趣的不是雕像，而是雕像所代表的人物，相比于此，他又更关心祭司或当地向导告诉他的关于雕像的历史故事，而他又能将这个故事告诉读者。他像是失去的幽默感的希罗多德，像是皮科·德拉·米兰多拉（Pic de la Mirandole）混杂着约瑟夫·普鲁德霍姆（Joseph Prudhomme）的风格。他讲的故事，是一种旅游叙事。如果没有他的《希腊志》，我们将无法重建希腊很大一部分的历史。

他对雅典进行了深入访问，我们可以轻松地跟随着他的路线。保萨尼亚斯三次提到："哈德良皇帝，把神灵尊崇到很高的地位，并为每一个臣民的幸福竭尽所能。"保萨尼亚第一次提及他的时候，是在介绍一些民族英雄，意义尤为重大。克里斯提尼在公元前508年选出了十位传奇人物，以他们命名并建立了十个地区部落，希腊阿哥拉上有他们每一位的雕像，都位于同一个底座上。随着时间的推移，在他们旁边出现了另外两座雕像：帕加马王国国王阿塔罗斯一世的雕像和埃及统治者托勒密二世"恋姐者"（Ptolémée II Philadelphe）的雕像。随着第十三个"哈德良部落"的诞生，哈德良将在有生之年看到自己的雕像加入创立者之列。

这很公平，因为他确实是创立者，或者更确切地说，哈德良的行为更像是一个重新创始人（néos ktistès）。他并不满足于像奥古斯都那样简单地布置古雅典，而是打算把城市向东南扩大，建立一个新的雅典。现在还存在的哈德良拱门便是两者的临界线，正如中央拱门上的铭文非常明确地写道："城邦的西边，也就是雅典卫城，是忒修斯的雅典，之前的城市。"在东边是："哈德良而不是忒修斯的城市。"

在这座新城市的中心，有一座新的神殿——奥林匹亚宙斯神庙（Oympiéion），保萨尼亚斯曾在其中流连忘返，这也为他提供了第二次提

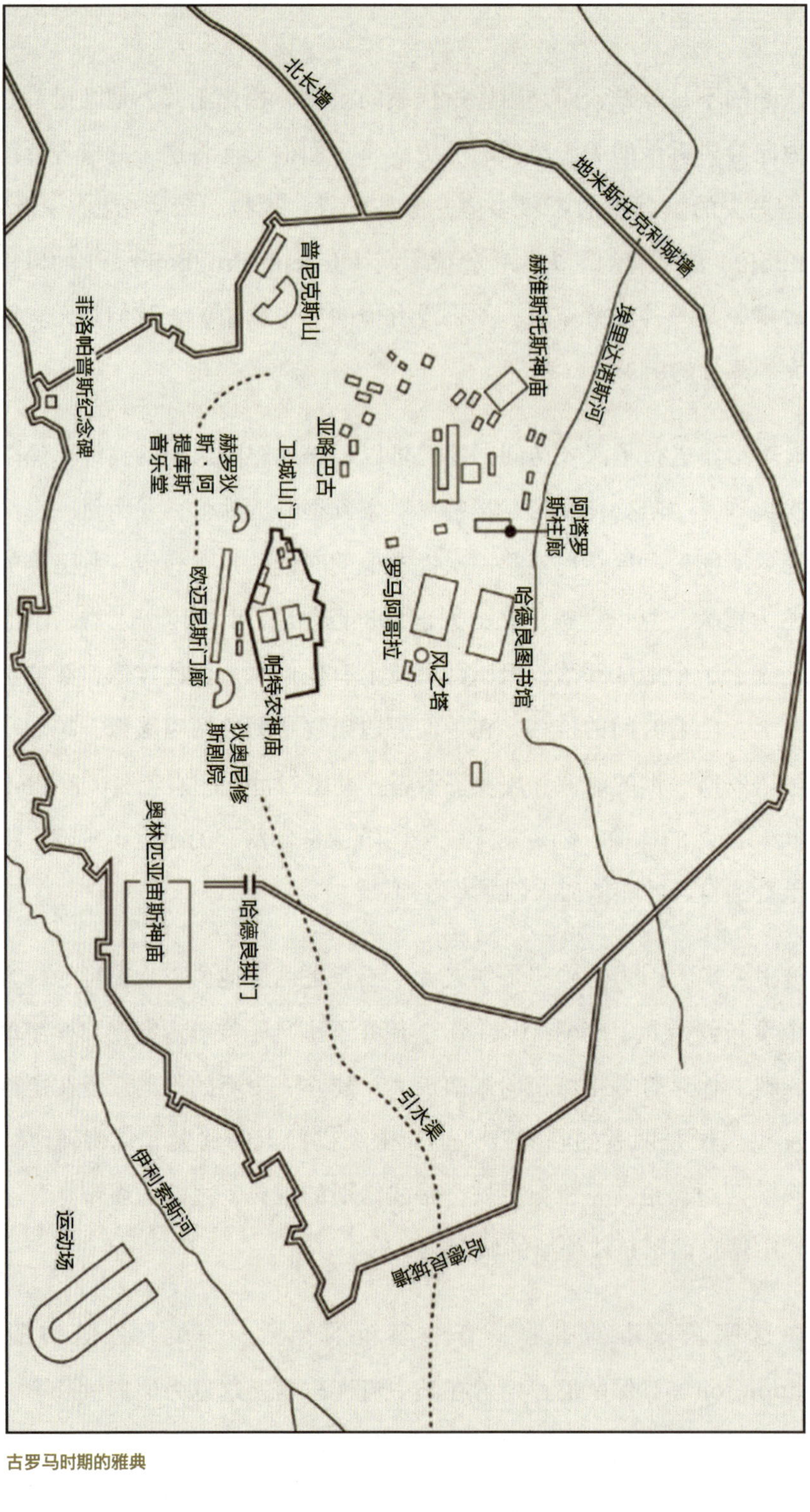
北长墙
地米斯托克利城墙
普尼克斯山
菲洛帕普斯纪念碑
赫淮斯托斯神庙
埃里达诺斯河
亚略巴古
赫罗狄斯·阿提库斯音乐堂
卫城山门
阿塔罗斯柱廊
罗马阿哥拉
哈德良图书馆
欧迈尼斯门廊
风之塔
帕特农神庙
狄奥尼修斯剧院
奥林匹亚宙斯神庙
哈德良拱门
引水渠
伊利索斯河
运动场

古罗马时期的雅典

及哈德良的机会。哈德良秉持着想建设一座新建筑的愿望，在重新启动并完成建设工程后，于公元132年为这座神庙举行了落成典礼，就像玛格丽特·尤塞纳说的那样："在另一个完美的地方，有一个帕特农神庙的精准平衡。帕特农神庙在平原上铺开，而另一个则竖立在山丘上，热情在平静之膝，辉煌在美丽足下。"

该神庙与萨摩斯岛的赫拉神庙、以弗所的阿尔忒弥斯神庙合称为希腊世界的三大神庙，其历史已跨越近七个世纪。它的地基可以追溯到公元前6世纪的庇西特拉图时期，庇西特拉图的倒台导致了项目的中止。正如前文所述，公元前174年，在安条克四世（神显者）的鼓动下，建筑工程重新开工，但可能是因为经济原因，没能成功。得益于哈德良的慷慨捐赠，这座"圣家堂"终于得以建成。

奥林匹亚宙斯神庙，这个名字是献给奥林匹亚宙斯的，哈德良选择与它同为一体。如果有哪座崇拜雕像、哪座巨大的克里斯里凡亭雕像意在超越奥林匹亚的话，那显然是在圣殿的入口和所有神庙周围比比皆是的宙斯的雕像，就像保萨尼亚斯告诉我们的那样，是各种大理石制、"埃及石制"和青铜制的哈德良人像雕塑。此外，为感谢他的恩惠，雅典人将一座哈德良像放入了帕特农神庙，就在雅典娜雕像的旁边。

这座巨大的神庙毁于公元5世纪，现在只剩下大约十五根柱子。"我停在它们的脚下"，夏多布里昂写道，"听到风在它们上方呼啸：它们像那些在亚历山大遗迹中随处可见的孤独的棕榈树。"可惜，今天我们听到的已不再是风声，而是汽车的呼啸声。除了协和广场和宪法广场以外，我想不出如今的雅典还有哪处比奥林匹亚周围更拥挤、更喧闹。

除了宗教建筑之外，哈德良还大量修建公共建筑。保萨尼亚斯再一次成为我们最好的情报提供者。这是他第三次提及哈德良。这位旅行向导在介绍了各式神庙（赫拉神庙、泛希腊化宙斯神庙）后，带领我们来到了雅典“最著名的建筑物”，即“那个拥有一百根来自弗里吉亚石柱的建筑物，它的墙壁是用和门廊一样的石头建造的。其内部的房间装饰着金碧辉煌的白玉天花板，还有许多雕像和画作，此外这座建筑中还存放着书籍。”这座建筑就是今日所说的哈德良图书馆，它已经没有了天花板和白玉石，但还保留了自己的魅力和仍可遮挡阳光的柱子。在莫纳斯蒂拉基（Monastiraki）跳蚤市场迷失方向后，这里倒是一个漫步、阅读或单纯做梦的好去处。

哈德良最实用、最长久的一项成就可能就是下面这栋建筑了，更为准确地说是下面这项公共工程。这项工程是一条20公里长的、将帕内斯山（Parnès）和里卡贝特山（Lycabette）连接起来的水渠，这是“古罗马化”的真正标志。由于雅典不像罗马和大莱普提斯（Leptis Magna）一样拥有巨大的公共浴池，所以澡堂成倍增加：人们在奥林匹亚宙斯神庙的北部发现了澡堂的痕迹，雅典卫城的南部也至少有两处。这些建筑和所有这类罗马建筑一样，都是用多色大理石和镶嵌瓷砖铺成的。

在哈德良对雅典进行谨慎但有效的罗马化的同时，也试图恢复这座城市在希腊世界的卓越地位。为此，在第二次希腊之行中，他建立了一个新的希腊城邦组织——泛希腊联盟，其“旨在复兴古希腊文化和宗教传统”。这个建立在雅典的泛希腊联盟，在历史上并没有多少人谈及，但它受到泛希腊化宙斯的极好保护，事实上也就是皇帝本人的保护。

无论哈德良的作用有多么大，他都不是当时雅典重生的唯一负责人。还有个人也通过延续“希腊分享财富”的传统为此做出了贡献，即为了确保在选举中获得更好的机会，或者仅仅是为了获得同胞们的认可，某些富人就决

古希腊哈德良图书馆遗址

赫罗狄斯·阿提库斯像

定用自己的资金来资助一项公共开支，例如一座建筑、一个喷泉、一个花园，不过后来这个传统随着基督教帝国的到来消失了。而上述那位捐赠者则是赫罗狄斯·阿提库斯（Hérode Atticus）。这位才华横溢的人出身于雅典一个富裕的银行家家庭，在文学和政治上都有建树。他是一位著名的诡辩家，其学生包括未来的皇帝马尔库斯·奥列里乌斯（Marc-Aurèle），而且在公元前143年，他还被任命为罗马执政官。

还未尝到最高行政官的荣耀感，哈德良的这位朋友便在公元139年被同乡选为大型雅典娜女神节的委员会负责人。他趁此机会用白色大理石重修了泛希腊体育场，正如保萨尼亚斯描述的那样："为此，耗尽了彭特利库斯山大部分采石场。"几年后，为了纪念被人杀害的妻子，他在雅典卫城的西南面建了一座具有典型罗马风格的音乐堂，可容纳近5000名观众。这座在20世纪50年代被修复的建筑，看起来有点像"阿尔戈英雄"的船（当所有零件都换了之后，"阿尔戈英雄"的船还剩下些什么呢？），每年5月至9月，这里都有一个著名节日。从阶梯座位的高处看着夜幕降临于雅典卫城、海默特山和大海之上，是现代雅典城为其来客保留的最纯粹的乐趣之一。

在离罗马时期雅典的这个精美雅致的遗迹不远的缪斯山上，矗立着一座奇特的纪念建筑，它让人想起18世纪公园里聚集人数众多的"装饰建筑"。这就是菲洛帕普斯（Philopappos）纪念碑，它比阿格里帕音乐堂早大约半个世纪，严格意义上来说，它不属于"古希腊分享财富"的范围，虽然它本为私有。自从夏多布里昂最终判定它是"一座品味低下的纪念碑"之后，人们就习惯贬低这个雅典情侣们最喜欢的晚间约会场所。它实际上是一座指定供古叙利亚最后一位国王，即安条克四世的孙子安葬的坟墓。在王国被罗马人吞并之后，这个家族便分开在希腊和罗马两地间。菲罗帕普斯，一个既热爱古罗马文化又喜爱古希腊文化的人，在罗马被选举为执政官，在雅典也被任命为执政官。位于一楼的檐壁描绘了他一生中最重大的事件——公元前109年，他就任罗马执政官时的“就职典礼”。然而，菲罗帕索斯和其家族在这样的地方竖立一座装饰豪华的纪念碑，并不是为了向罗马致敬，而是在向这座曾如此欢迎他们的城市致敬。

事实上，这个被哈德良翻新的雅典的美名很快就传遍了整个帝国。诚然，在娱乐方面，亚历山大港仍然没有对手，但它的东方气息太浓烈了。我们喜欢罗马的纵情声色，但前提是它要保持不引人注目，至少在表面上遵守。即使亚历山大港自夸拥有高水平的思想与艺术生活，但在罗马人眼里，没有什么能与希腊的雕塑家和哲学家相提并论，也就是说雅典的雕塑家和哲学家是排名第一的。苏拉和尼禄（对雅典）的相继掠夺，只会加强拉齐奥大区（Latium）和坎帕尼亚大区（Campanie）的富翁们对他们的雕像、绘画、花瓶和“希腊制造”的原稿的渴望。

因此，对于“上等人”的继承人来说，雅典成了他们既能玩乐又能完善学业的城市。就像英国青年要去意大利“环游”一样，罗马青年则前往雅典旅游。这里的艺妓和厨师都是极好的，思想家和辞赋家更甚，没有他们的助力，无论是政治上还是文学上，都不可能有重要成就。当时有句被误认为是狄凯克（Dicéarque）说的话，没什么能比它更能证明上述言论了：“如果你从未到过雅典，那你便是块榆木；如果你到过雅典却毫无欣赏之情，那你便是头驴；如果你离开雅典时不怀惋惜遗憾，那你就是一头蠢驴。”

我们只举一个关于阿普列尤斯（Apulée）的例子。这位未来轰动一时的讲师大约于公元125年出生在努米底亚（Numidie，今阿尔及利亚）的马道尔（Madaure）的一个柏柏尔血统的富裕家庭中，他创作了有史以来最有趣的小说《金驴记》或称《变形记》。他在迦太基（Carthage）初步接触了拉丁的雄辩术，然后前往雅典，在那里领悟了柏拉图主义，并狂热地加入了诡辩流派。根据他在雅典卫城脚下所学到的知识，在回到迦太基之后，他开始以教授修辞学和哲学为业。甚至他的婚姻、他的一切都应归功于雅典，因为他曾在希腊偶遇了以前的同学，并成功让他同意自己与其母亲结婚。不过这位年轻的讲师也因非法施用巫术而受到审判，但他利用自己的长处出色地胜诉。

雅典的好日子与罗马和平（pax romana）息息相关，也就是说，只持续到公元3世纪中叶。当时爆发了一场严重震荡帝国近半个世纪的危机，直至强硬的戴克里先（Dioclétien）将军出现。对于皇帝们来说，他们不再致力于装饰美化雅典，而着重于抵御日耳曼人日益频繁的入侵。于是瓦勒良（Valérien）在雅典重建了被苏拉拆毁的旧城墙，还特别修建了一座新的城墙，将那个罗马化的城市也囊括其中。算起来，那时雅典卫城的防御工事已进行了十三次修复。

但这还是没有用。公元267年，赫鲁利人入侵雅典，并对雅典进行了比苏拉军队还要残忍和多样的蹂躏。但这次打击对雅典来说也不是完全致命的，许多建筑在被推倒并放火后，在很长一段时间内都没有被烧掉。经济和文化灾难亦然。从长远来看，某种繁华终将回归，学生们也会随之而来，这花了近百年的时间。这座博物馆城，这座知识殿堂（西塞罗称之为“学习住所”）的命运，比以往任何时候都更取决于皇帝们的善意。

480

油画《罗马角斗士》，[意]乔凡尼·弗朗切斯科·罗曼内利 绘

FLORENTIA

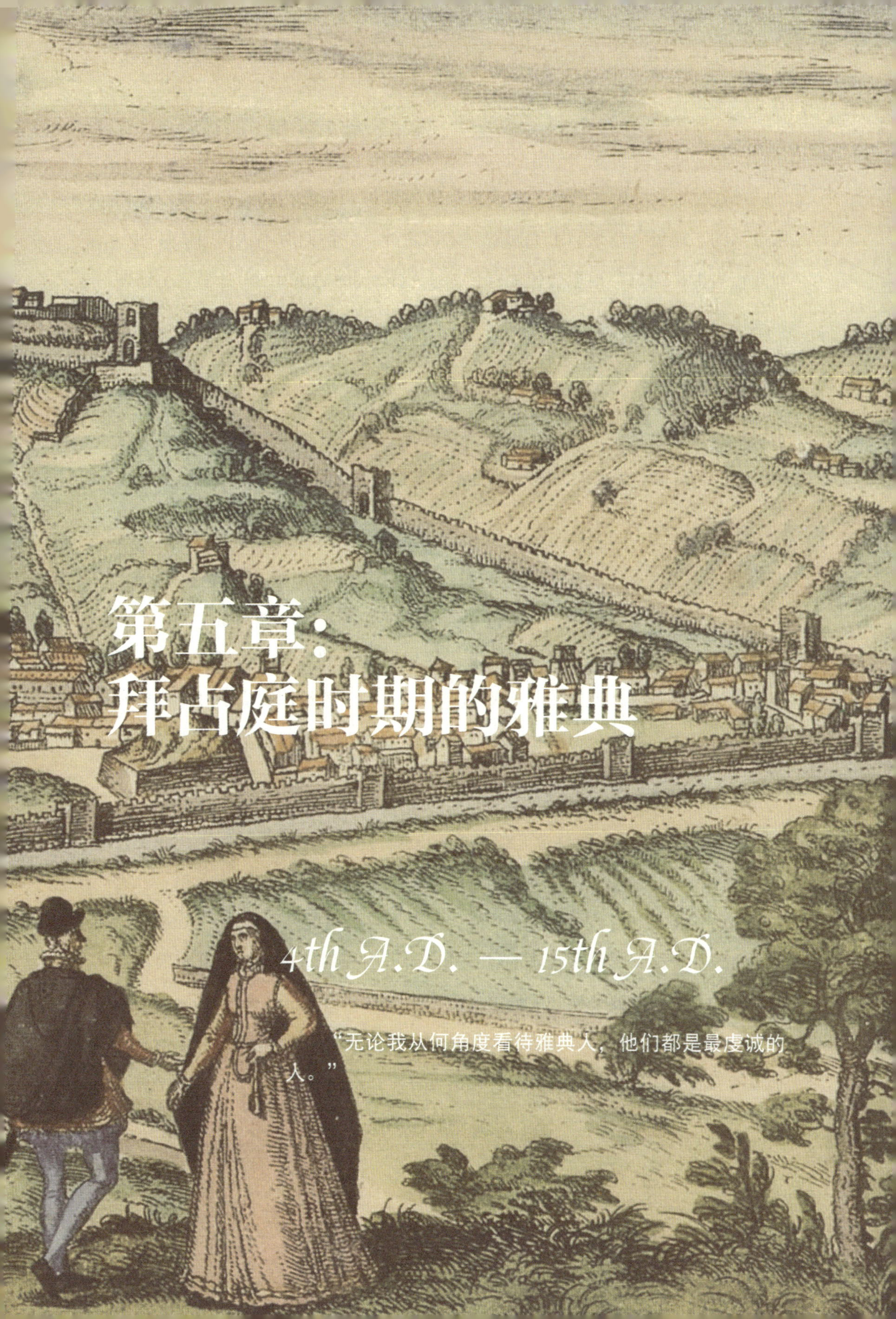

第五章：拜占庭时期的雅典

4th A.D. — 15th A.D.

“无论我从何角度看待雅典人，他们都是最虔诚的人。”

“众位雅典人哪，我看你们凡事很敬畏鬼神。我游行的时候，观看你们所敬拜的，遇见一座坛，上面写着‘未识之神’。你们所不认识而敬拜的，我现在告诉你们。”根据《使徒行传》（Actes des Apôtres）一书，上述便是圣保罗（Saint Paul）在公元53年第二次横跨地中海的传教旅行时，在亚略巴古前说的话。尽管此后这话经常被引用，但除了一位名为狄奥尼修斯（Denys）的高级法官（亚略巴古的狄奥尼修斯，后来成为雅典第一主教并被视为圣人）以外，这些话对别的读者没有造成任何影响。特别是在雅典这个公认的哲学和传统宗教之都，便更不可能产生影响了。

公元312年君士坦丁（Constantin）信仰基督教，以及公元337年他去世不久前接受的洗礼，都丝毫没有削弱这座城市的文化声望。直到公元380年末，正如保罗·韦恩（Paul Veyne）回忆的那样，“帝国是两极化的，存在两种宗教，皇帝信奉的宗教不是大多数臣民所信奉的宗教，甚至也不是制度层面衍生的宗教，因此在很长时间都算是异教”。若运用曾提出过“古典时代晚期”概念的彼得·布朗（Peter Brown）的话说，那便是异教在当时就有了它的梵蒂冈——罗马，以及它的麦加（Mecque）——雅典。

公元355年，未来的皇帝尤利安（Julien）就是这样认为的，于是基督教的历史学家们给他加了一个臭名昭著的修饰词：“叛教者”（Apostat）。尤利安对古代神灵和古代哲学深表赞同，在堂兄君士坦提乌斯二世（Constance II）的严密监视下，他在雅典度过了几个月的时光，这也是他一生中最幸福的时期之一。他在此处遇到了圣额我略·纳齐安（Grégoire de Naziance），后者描绘了一幅使人厌恶的尤利安的画像：“从这摇摇欲坠的脖子、不安且抽搐的肩膀、四处窥探的眼睛上，我没有感受到一点好兆头……”

继彼得·布朗之后，保罗·韦恩也认为尤利安“大力促进异教的发展……就像君士坦丁促进基督教发展一样”。但历史的偶然性使得结局不尽相同。公元363年，尤利安英年早逝。他死后，有两个争权的军事团体，他们一致认定瓦伦提尼安为皇帝。帝国的命运，连带着雅典的命运，现在都已注定。

在几年时间里，这座城市遭受了双重打击，首先是来自一项总体措施的长期影响，此外还受到来自一个特别戏剧性的事件的灾难性影响。其中那项措施便是狄奥多西一世（Théodose I）于公元391年和公元392年颁布的法令：禁止经常出入神殿并在那里举行祭祀；而那个事件便是公元396年发生的雅典之劫。

公元395年，随着狄奥多西一世的去世，罗马帝国分裂于其两个儿子之手：西边是霍诺里乌斯（Honorius），东边是阿卡迪乌斯（Arcadius）。在接下来的混乱中，两位罗马蛮族（Romano-barbares）的将领也很快发生冲突：一位是日耳曼民族的斯提里科（Stilichon），另一位是哥特雇佣军“联邦”的领袖之一阿拉里克（Alaric）。在去意大利冒险之前，阿拉里克先是前往了希腊。来到雅典，他提出了投降的建议。虽然提议被雅典人民接受，但居民们还是没能摆脱被洗劫的命运。在这场灾难性的事件结束时，整个阿提卡大区都被毁坏了，正如吉本（Gibbon）从一位“当代哲学家”那里得到灵感后绘声绘色地写的那样，雅典就像“作为祭品献上的牺牲者那空洞而血淋淋的皮肤”。

继狄奥多西一世颁布敕令后，狄奥多西二世（Théodose II）在其统治期间，又于公元426年和439年颁布了两道敕令。所有的神庙都将被摧毁，但雅典除外，那里的神庙只会另作他用，改建为教堂。这些规定即便温和化，也迟迟得不到执行。这些措施并不能阻止雅典人继续庆祝雅典娜女神节。但在

狄奥多西二世头像

这样一个沉睡的时代，哲学流派却绝不可能再像5世纪初那样强大了。在公元400年左右，某位普鲁塔克（Plutarque）（注意不要把此人与《比较列传》的作者混淆，这位作者生活在公元46年至125年之间）建立了一个新柏拉图主义学院，该学院意在构建“一个真正的哲学宗教教派，其领袖被称为继业者，原则上需从柏拉图的家族中招募，且应确保对缪斯留有传统崇拜”。

20世纪50年代初，在雅典卫城南侧的赫罗狄斯阿提库斯音乐堂（l'odéon d'Hérode Atticus）和狄奥尼修斯剧院（le théâtre de Dionysos）之间，人们发现了一个规模宏大的别墅遗址。所有证据都表明，有一位哲学家普罗克洛（Proclus）曾在这里居住过（而且别墅很有可能是他自己设计的），他还在公元438年至485年间指导过新柏拉图学派。在别墅中，有一个巨大的房间，一端配有一个会客室，也就是一个内部可能安装了一些座椅的半圆空间（这怎能不让人联想到教室或者阅览室？）经过对室内装饰的仔细研究，还可以看出，房子内应该举行过对地母神库柏勒（Cybèle）的崇拜颂扬活动。普罗克洛本人曾为这位女神写过一部名为《论众神之母》的著作，此书在当时的哲学界非常流行。

查士丁尼皇帝（Justinien）在公元529年下令关闭这些哲学学校，以使哲学家们遭到致命的打击。因为他们劝人入教改宗的热忱激怒了他，于是这便成为这些新柏拉图主义者的下场。长久以来使雅典名声大噪的一切，也都和他们一起烟消云散了。圣奥古斯丁（Saint Augustin）不是说在公元5世纪初，雅典仍是“所有人文科学和众多重要哲学家的母亲或哺乳者”吗？这座曾令罗马深深着迷的城市，这座曾可以抵抗来自亚历山大的竞争的城市，光芒却突然消失了：在帝国的苍穹中，从此只剩第二个罗马——君士坦丁堡在闪耀。

希腊城市很晚才进入基督教时代，这产生了一定的影响。这也解释了为什么享有盛名的、采用巴西利卡式规划的早期基督教教堂在雅典相对罕见，却为塞萨洛尼基（Thessalonique）这类城市带来荣耀。塞萨洛尼基也是希腊无可争议的拜占庭式建筑和艺术的中心。这也解释了为什么在狄奥多西二世的顾虑下，那些可能被废弃的古建筑得以幸存——毕竟它们经常落入重用墙或石灰窑中。

以一定数量的改造为代价，帕特农神庙成了城中的大教堂。考古学家还在继续追查研究这些改建。帕特农神庙附近的厄瑞克忒翁神庙也被改造成了教堂，又一座教堂献给了上帝的圣母（théotokos）：以圣母代替圣母，以

古代文献上 6 世纪欧洲东罗马帝国地图

玛利亚代替雅典娜。另一个转移权威的成功例子发生在古希腊人为颂扬医神阿斯克勒庇俄斯（l'Asklépiéion）而建造的圣殿，它位于雅典卫城南翼的下方，恰合时宜地迎接了圣科莫（saint Côme）和圣达米安（saint Damien）这两位廉施圣人，也就是俗称的“不收费”，因为他们无偿地施展其作为医者的才能。至于塞西翁神庙（Théséion）（事实上是赫淮斯托斯神庙〔l'Héphaïstéion〕），则归于圣乔治（saint Georges），他和他的异教徒前人一样是英勇的战士。

这种重新分配完成后，本来就不再创造伟大历史事件的雅典，从此就心安理得地忍受了这种再分配。以公元6世纪末开始的斯拉夫人入侵事件为起始点，整个巴尔干地区都开始受到扰乱。与其说是武装入侵，人们今天更愿意称它为移徙活动（这是为了避免触犯某些敏感问题，还是为了更好地反映这一现象的复杂性呢？）。我们对于这个大混乱的时期知之甚少，历史学家为了形容这一时期，又一次采取了“黑暗时代”这个说法，它曾被用于形容公元前12—公元前7世纪的古希腊时期。我们唯一能确定的便是几乎整个希腊都与君士坦丁堡隔绝了，并且这种状态持续了很多年。在公元585年，不幸的雅典又成为阿瓦尔人或斯拉夫人过度迁徙的受害者。

公元641年，赫拉克利乌斯（Héraclius）死后，一般认为东罗马帝国变为了拜占庭帝国，但到7世纪末，尤其是伴随着新的领土组织的建立，东罗马帝国又开始出现复兴的苗头。帝国逐渐被划分为几个“军区”，每一个“军区”都由一个战略家领导，他兼有所有的民事和军事大权，但也可随时被撤销职务。“军区”类似于行政区，其原义是指战略家指挥下的、以自愿原则为基础招募的农民兵构成的分遣队。在公元687年至公元695年之间，若按时间顺序排列，第五个“军区”，即海拉德（Hellade）军区也成立了，其首都不是雅典，而是底比斯，至少最初的时候是这样。

至于究竟是雅典还是底比斯其实并不重要。罗马帝国最初的几个世纪里，人们全面见证了所谓的“城市的衰落”，而“军区”的建立加速了它衰落的同时，也认可了它的衰落。这种衰落早已被察觉，戴克里先（Dioclétien）曾试图与之抗争，但徒劳无功，这种衰落只会更加明显：“自古代以来就开始管理城市的市政或居士精英们逐渐消失，城市转而由国家的官员们来管理。随着帝国版图的缩小，集权的程度越来越高。税收的分配和征收也不再属于城市的管辖范围……”

事实上，是城市本身的典范消失了，希腊世界和罗马世界皆是如此。当然，希腊的城邦完全归自己管辖（即使是在“同盟”的表象下，其仍有帝国的雏形：雅典、斯巴达……），而罗马城邦的最高权力在罗马。就其他一切而言，两者城邦的运转方式其实都是一样的：在这两种情况下，都是“一个生活在同片领土上的共同体，并且从城市行政中心开始进行自我管理。他们被称为‘雅典人’而不是‘雅典’，同样，是‘罗马人’而不是‘罗马’。”下面这句悖论，其实也适用于希腊：“如果罗马世界是以农村为主，那么罗马文明便是罗马城的，由此是公民的。”

随着拜占庭的出现，人们进入了一个完全不同的世界，其中的城市，尤其是雅典，失去了以前文明的参与者和推动者的角色，而且没有丝毫重获的希望。正如阿兰·杜塞利埃（Alain Ducellier）所写的那样，几个世纪以来，“城市帝国已经变成了乡村帝国”。中央集权，以及与之相伴的农村化已经占据了上风。昔日的重镇如今只单纯为皇帝委派代表的居住地，即战略家的居住地。教堂成为一种新的反对势力，取代了以前的市政管理机构和被剥夺的老元老院，教堂以主教为代表，就像在雅典，从公元869年开始，由大主教做当场代表。

古代文献上 11 世纪宗教战争时的部分欧洲地图

这样重组后的帝国，竟又控制了巴尔干地区。自11世纪开始，帝国经历了一次惊人的复兴。公元1018年，皇帝巴西尔二世（Basile□）来到雅典卫城的圣母大教堂，庆祝最近对战保加利亚人的胜利。古斯塔夫·施伦贝格（Gustave Schlumberger）记述了这一情节，使人联想到1913年，在第二次巴尔干战争后，现代雅典在君士坦丁国王从塞萨洛尼基返回时的热烈欢迎。正如欧洲报纸所报道的那样，群众用“解放者国王万岁！胜利者国王万岁！保加利亚的杀手万岁！”的喊声欢迎君主。保加利亚杀手（Bulgarochtone），即杀死保加利亚人的凶手：这个绰号在一千年后依然流行，巴西尔二世的功绩也为自己赢得了这个绰号。

11世纪初到12世纪中叶是一个相对繁荣的时期，雅典各地的教会蓬勃发展。它们中很多都是经过时间的考验才保存到今天，而且对它们进行的维修几乎都是成功的。总体来说，这些教堂的规模都很小，但是建造得很精致，装饰得也很丰富。它们的魅力让那些即使不是研究拜占庭的学者，也很难对这些教堂无动于衷。1938年，保罗·莫兰（Paul Morand）在雅典的“由许多当地赞助人捐赠的彭特利库斯山大理石建成的官方纪念碑”面前毫不掩饰自己的厌倦。他故意挑衅地补充道：“与它们相比，我是多么喜欢这些拜占庭小教堂，它们谦虚得就如同土耳其枷锁下，像细长平庸的火焰一般的希腊。”一年后，亨利·米勒（Henry Miller）来到雅典，他坦率地承认了同样的偏爱：“给我留下深刻印象的，首先是拜占庭风格的小教堂。特别是有一个陷在地里的，它的大小非常适合一个人在里面祈

古代文献上的手绘君士坦丁堡城市地图

祷。”

游客可以进行选择，或者自己规划一个行程，在这里我不能更推荐约翰·弗里利（John Freely）的优秀著作《漫步雅典》，但可惜此书还没有法语版。游客们还可以相信缘分，去参观一些标志性景点。人们都将重点放在北面的埃尔穆街（Ermou）、南面的雅典卫城、西面的阿哥拉和东面的奥林匹亚宙斯神庙之间的地区。别忘了还有位于瓦西里西斯·索菲娅（Vassilissis Sophias）大道上重建得非常巧妙的拜占庭博物馆，在其底层有三个艺术组合——古基督教、拜占庭和后拜占庭，更不用说，在雅典西北约十公里处的达夫尼修道院（le monastère de Daphni）。

这座以大量优质的镶嵌画而闻名的修道院，位于连接雅典和埃莱夫西纳圣殿（Sanctuaire d'Éleusis）的古老圣道上。在供奉阿波罗·达夫奈斯（Apollon Daphnaios），即冠以月桂（希腊语daphni）的阿波罗的神庙遗址上，人们在公元5—6世纪修建了第一组建筑，这些建筑在11世纪末被第二组建筑取代，且在1205年被洗劫。现在一些伪历史学家声称第一任雅典公爵奥顿·德·拉罗什（Othon de La Roche）拥有圣裹尸布，他把修道院捐给了贝尔沃（Bellevaux，在今上索恩省）的西多会修道院。他的遗体后来和继任者高迪·德·布赖恩（Gauthier de Brienne）的遗体都被埋在那里。在1456年土耳其人到来时，法国修道士放弃了西多会修道院。直到16世纪，东正教才重新在这里定居。

雅典市中心至少有两座教堂值得一去。不仅因为它们真的非常美，还因为它们非常与众不同：一个占据了古雅典中心阿哥拉的一角，另一个占据了现代雅典中心美丽的埃尔穆街。圣使徒教堂（L'église des Saints-Apôtres）建于公元1000年左右，是拜占庭时期阿哥拉的九座教堂中唯一幸存下来的。它也是雅典唯一一座有圣像屏的教堂，圣像屏就是主祭者和信徒之间的隔断，根据现场发现的部分，它可以恢复原貌。据卡普尼卡雷亚（Kapnikarea）所说，所有雅典人都对它很亲切，而且它似乎与周围神庙的商人也相处得很好。随着时间过去，它的北边增加了一个小教堂，西边增加了一个外门厅——一种主要入口。毫无疑问，米勒所影射的教堂就是它。

这一时期和以前一样，人们对其了解的也不多，但人们有一段珍贵的证词，即来自米歇尔·霍尼亚提斯（Michel Choniatès）的实录，有时他也被称为阿克米那托斯（Akominatos），以避免与他的兄弟——伟大的拜占庭历史学家尼基塔斯·霍尼亚提斯（Nicetas Choniatès）混淆。米歇尔·霍尼亚提斯于1182年至1205年担任雅典大主教。他在这个外省小镇过得非常不愉快，尽管这个小镇是拥有众多教堂的雅典，但它在历史上多次被洗劫，而且刚在1147年被诺曼底人劫掠，那里的一切或者说几乎一切都必须重建。雅典是威尼斯在1082年开展自由贸易权的城市之一，正是威尼斯舰队把西西里的罗杰二世（Roger II de Sicile）打跑，解放了雅典人。

在一封信中，米歇尔·霍尼亚提斯将这座城市描述为"帝国偏远角落中的一个被上帝遗忘的洞"。在另一篇文章中，他抱怨自从在那里生活以来，自己也变成了一个野蛮人："居民是一群不屑于寻求智慧的野蛮人。我花了三年时间才学会他们的方言。"在另一篇文章中，他对雅典承受的巨大苦难感到同情："这里已经没有哲学家和工匠了，只有妇女和儿童，他们衣着简陋，赤身裸体或衣衫褴褛。垂死的人可怜活着的人。"把卫城山门变成主教府，显然不足以让大主教放心，就连在雅典卫城周围建造名为"里佐卡斯特洛"的新围墙也不能。法兰克人的到来让这座城市终于不堪重负。

拜占庭和教廷之间的教会分裂发生在1054年：人们以革除教门和驱逐教

《军队征服扎达尔市》，[意]丁托列托 绘

会相要挟，但是没有产生严重的后果。

事实上，关系真正的破裂发生在1204年，但并不是拜占庭人造成的。这件事在一场以亵渎圣索菲亚（Sainte-Sophie）为标志的无耻劫掠中结束了。2001年，教皇为此向希腊人请求宽恕。翁贝托·埃科以他一贯的博学和魄力，在一部直接受到希腊编年史作者启发的小说《波多里诺》中描写了这些事。对于维勒哈杜安（Villehardouin）士兵所写的自鸣得意的《征服君士坦丁堡》一书，人们仍不禁要问，像让·杜福内（Jean Dufournet）这样见多识广的中世纪学者，怎么会认为它是与《戴高乐将军回忆录》齐名的战争文学名著?

拜占庭帝国已经暂时不存在了。几十年后，它将通过尝试再次征服别国来获得重生，这将使它处于衰弱的状态，并最终使奥斯曼人受益。目前，东方的拉丁帝国正在取而代之。在一场激烈的分赃之争后，雅典变成了一个公国，归属于勃艮第领主奥顿·德·拉罗什，他将自己的宫殿建于卫城山门，也就是米歇尔·霍尼亚提斯前往凯亚岛上避难时所遗弃的宫殿所在地。雅典卫城的防御工事再次得到加固，尤其是人们建造了一座约30米高的瞭望塔。

但与此同时，权力的中心已明显从这座城市滑向了底比斯（它明显的对手），雅典很快就会经历新的磨难。1311年，雅典从勃艮第的城市变成了加泰罗尼亚的城市。不过这个情节竟然没有引起小说家和电影人更多的关注，这就值得细细道来。为了帮助对抗土耳其人，安德里克二世皇帝（Empereur Andronic II）召集了一支由六千名士兵组成的军团，其中大部分是加泰罗尼亚人和阿拉贡人，也有阿尔莫加瓦人，他们由罗杰·德·弗洛尔（Roger de Flor）指挥。使用雇佣兵是拜占庭人的特点，也是迦太基人的特点，在这两种情况下，其后果都是非常可怕的。

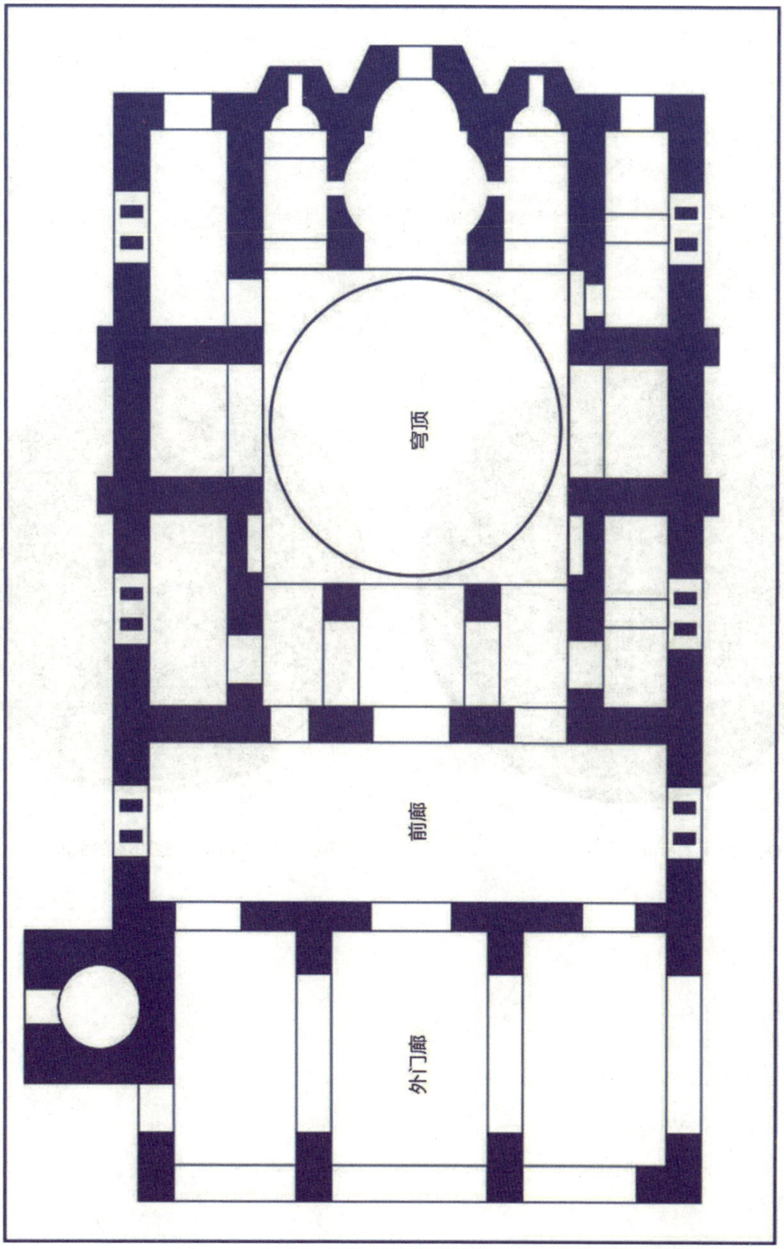

达夫尼修道院平面图

铸有安德里克二世像的古币

铸有安德里克二世向基督屈膝图案的金币

加泰罗尼亚人认为自己的俸禄不够，于是与安德里克二世反目成仇，最后自立门户。在失去控制后，他们一直战斗，并且几乎在帝国的各个地方都能取得胜利，直到他们被新任雅典公爵高蒂耶·德·布列安（Gauthier de Brienne）召为援军。又是一个有权势者的故事：高蒂耶·德·布列安想要笑到最后，但最终失去了自己的公国。1387年，对这座城市关注度极低的加泰罗尼亚人被阿奇亚奥里家族（Acciajuoli）的佛罗伦萨人接替，他们这次选择留在雅典而不是底比斯。他们的统治一直持续到奥斯曼人的到来，但在1395年至1403年也曾被威尼斯人的短暂插曲打断过。在1395年，喜欢异国情调的坎帕尼亚（Campanie）公证人尼古拉·德·马可尼（Nicolas de Marconi）两次来到雅典。他不厌其烦地指出："我们看到了很多柱子和很多大理石碎片。"佩里希翁（Perrichon）先生发现了雅典卫城。

佛罗伦萨人重塑了卫城山门，装饰了帕特农神庙的教堂，不过勃艮第人一来就急于将这些献给天主教。佛罗伦萨第一任公爵内里欧一世（Nerio Ier）为平息事态，意欲恢复东正教会以前的特权，支持雅典恢复一位大主教，因为自米歇尔·霍尼亚提斯被迫离开后，雅典就再也没有大主教了。阿奇亚奥里家族一共六人，他们成功地恢复了雅典失去的活力和自1205年以来严重缺乏的稳定。这一平静一直持续到1453年5月29日晚君士坦丁堡陷落。

在随后的几年时间里，除了伯罗奔尼撒半岛的威尼斯人在奥斯曼帝国的统治下进行抵抗外，仅存的拜占庭帝国很快就消失了。1456年，土耳其人踏上了雅典的土地，弗朗西斯科二世·阿基亚朱利（Francesco II Acciajuoli）曾谨慎地邀请他们作为朋友和盟友。这位不乏谨慎的弗朗西斯科，终于在1458年6月将雅典卫城交付给他们。同年秋天，君士坦丁堡的征服者梅赫梅特二世（Mehmet II）访问了该城，并在那里待了四天。他对这些美丽的古迹十分着迷，于是下了一道圣旨，换句话说就是一道法令，命令对任何试图掠夺

FLORENTIA urbs est insignis Hetruriæ, olim Fluentia dicta, quod
sita sit ad fluentum Arni fluminis. Et populi ipsi Fluentini, quorum memi:
nit Cato in originib: ut refert Angelus Politianus in quadam Epistola
ad Bartholomæu Scalam. Pulcherrimis tam publicis, quam priuatis orna:
ta ædificijs, et montibus undiq, septa, ex quibus, dictu mirum, quanta oble:
tatione visus in hanc urbem pandatur. Nobilium hominum sedes est, &
præstantissimorum ingenior, feracissimus ager
Cum priuilegio

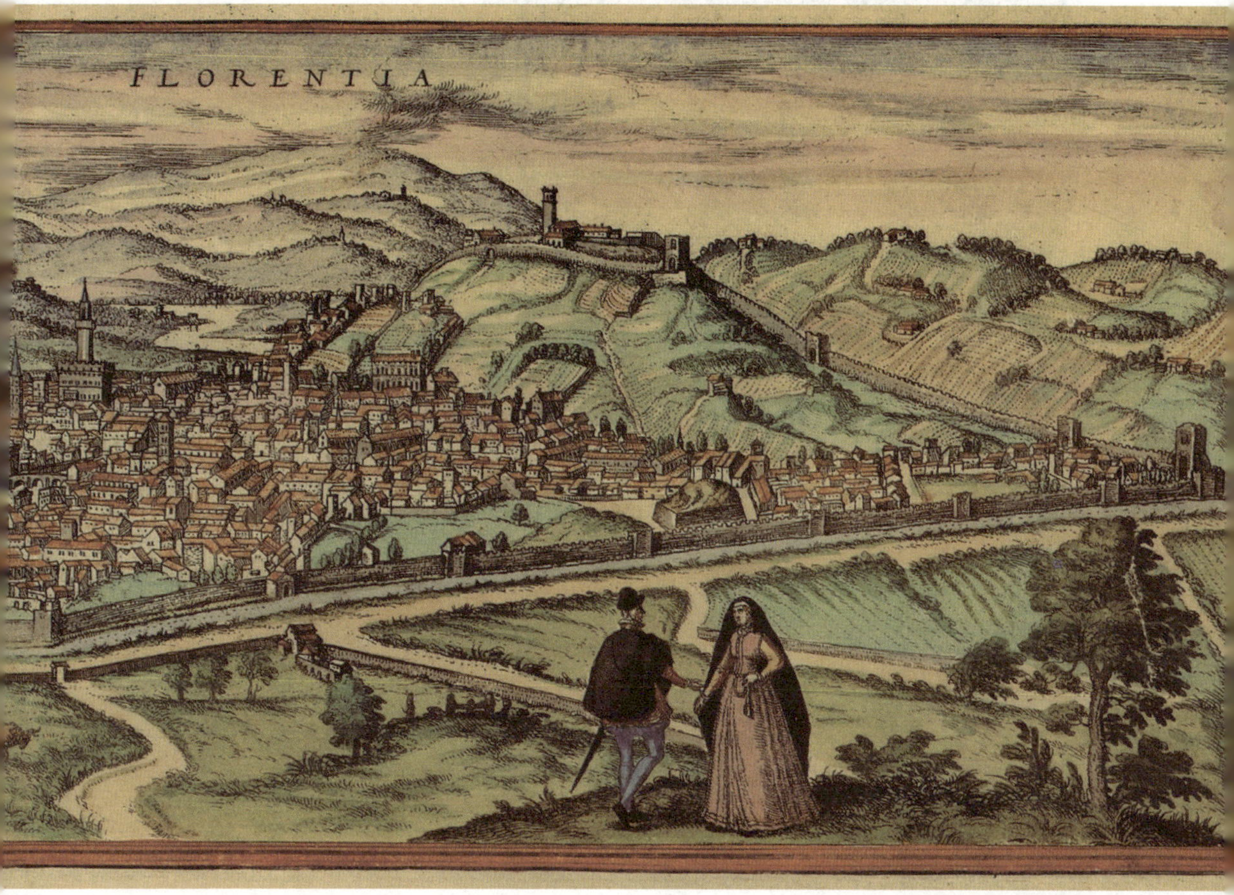

古代文献上的佛罗伦萨复原图

刻有狄奥多西一世头像的古币

或洗劫这些古迹的人处以死刑。苏丹这个文化程度很高的人，是否预见到了莫罗西尼（Morosini）和埃尔金勋爵（Lord Elgin）的命运呢？

梅赫梅特二世的这次访问标志着接管这座城市，而在雅典，人们试图结束拜占庭化，这是一个严重的错误。因为在奥斯曼雅典的统治下，拜占庭化还会继续存在，甚至在日常生活中一直延续到了今天。拜占庭花费千年，深入地塑造了希腊，但最重要的是，所有人（无论是否信奉宗教）共享一种文化，这是一种与世界和他人的关系。

在1204年或是1054年，早在帝国分裂之前，或者更准确地说，在其还没有具备分裂条件之前，也就是自从公元395年起，罗马帝国就已经在狄奥多西死后一分为二。使用拉丁语的西方帝国很快就崩溃了，而使用希腊语的东方帝国则持续了一千多年。在西方，教皇是无可争议的精神领袖，但他不得不面对实权的缺失；在东方，主教和皇帝对于谁领导灵魂和谁领导身体统一了意见。教皇被置于等级制教会的顶端，注重在东方以及西方宣示至高无上的地位；主教作为合议制教会的代表，同意他成为第一人，但是此人必须从与他平等的人中选出。

这是两种完全不同的观念，有人认为东正教的政治性比神学性强得多，即使神学很早就开始介入。人们为了“和子说（Filioque）”这个晦涩难懂的事情争吵并互相诋毁，而东正教拒绝补充这个信条（他们不这样称呼自己）。语言问题，即在希腊语和拉丁语之间难以找到正确的对应词，更加剧了最初只是误解的分歧。毋庸置疑，双方的敏感度不一样，但只要双方多一点理解，西方的理性主义和东方的神秘主义是可以无损共存的。事在人心，自有定夺。

有人认为，与天主教世界相比，东正教世界给人的印象倒是几个世纪都没有变过。保罗·莫兰皈依了他罗马尼亚裔妻子的宗教，在回忆起自己为她的葬礼所做的安排时，他于1971年写道：“威尼斯引导我皈依，我将被东正教的信仰所守护，这一宗教幸好是不变的，它仍然使用着福音书最初的语言。”无论是不是信徒，当人们参加东正教堂的礼拜时，都有一种陌生与熟悉、惊喜与感恩的双重体验：既能感受到现在，又能感受到过去；既能感受到时间，又能感受到时间之外。

作为一个“不变的宗教”，东正教坚信自己有“正确的信仰”(这是希腊语ortho-doxia一词的意思)，它不愿意改变，因为近四个世纪，它首先要关心

ΜΡ
ΙΟΥCΤΙΝΙΑΝΟC

圣索菲亚大教堂内镶嵌画

的是抵抗。当高级神职人员法纳里特斯（Phanariotes）（他以君士坦丁堡金角湾附近的一个区的居住者为名，该市的主教管辖区就在那里）与奥斯曼人达成协议时，村里的神甫们则试图尽可能地组织他们的社区生活，建立了一个类似于秘密教育系统的体系。

这些过去有助于更好地理解东正教在今天希腊人生活中的地位。尽管历史上经历了种种波折，但雅典和希腊与拜占庭之间的深层纽带却从未断过。弗朗索瓦丝·阿尔瓦尼蒂斯（Françoise Arvanitis）在其关于《希腊人的希腊》的精彩短篇中，用了整整一章来介绍东正教在希腊社会中的地位。文章特别指出，希腊98%的人口都信奉东正教，它不是像法国或比利时那种意义上真正的世俗国家。它丝毫不掩饰某些正统教士的保守主义、蒙昧主义，比如在马其顿（Macédoine）弗洛里纳（Florina）的大主教，由于一次拍摄时间不合适，他便将电影制片人泰奥·安盖洛普洛斯（Théo Angélopoulos）和明星演员马塞洛·马斯特罗亚尼（Marcello Mastroianni）逐出了教会。

在雅典，无论是在岛屿还是在大陆上，无论是在家庭还是在工作中，东正教都喜庆而热烈地存在于生活的每一刻。例如，没有降福仪式（ayasmos）就不能开店，不能购买车、船或公寓。在希腊，人们最热衷于庆祝的不是生日，而是节日，即以圣人命名的日子：在某些日子里，人们几乎不会到处走动，因为当天的圣人十分受欢迎，以至有很多人在家里庆祝这个节日。

我不愿忘记自己在希腊度过的第一个复活节：周四回家的路上永远不会熄灭的蜡烛，周五缓慢而哀伤的游行，周六晚上在教堂前漫长的等待，然后，在午夜时分，听到宣布的好消息：耶稣基督复活了。欢乐在人群中爆发，大家开始放鞭炮。我待在吕卡维多斯山顶，离圣乔治小教堂不远，它在夜色中更显洁白。节日的声音太响了，我的耳朵都快被震聋了。我摸索着回到了城市，回到了灯火阑珊的地方。我无意识地来到了一个小酒馆，在一个迷路的德国游客的陪伴下，享用了一盘复活节肝汤（Mayiritsa）。后来有人告诉我，这种羊肝汤只有在这种场合才会吃到。这是一道简单的、奶油味十足的开胃菜，羊肉在运到雅典之前，会在周边的乡下用烤炉烤制。那时成百上千的小烟柱会在阿提卡的天空中升起，直到夜幕降临。

油画《君士坦丁凯旋进入罗马》，[意]维维亚诺·科达齐 绘

第六章：奥斯曼时期的雅典

15th A.D. — 19th A.D.

“我们马上就会明白，‘奥斯曼化’雅典的不是建筑物，更不是语言或宗教，而是占领者强加给整个希腊世界的一种生活方式、一种社会关系。”

除了两座清真寺，有关奥斯曼时期雅典的一切都不复存在了，不过的确，它本来也没有留下什么痕迹。但它就像老斯坦布尔的香水一样，还是潜藏于蒙纳斯提拉奇（Monastiraki）广场和周围的商店中。事实上，在奥斯曼时期建立的土耳其区，正是在广场和风之塔之间，紧邻雅典的主要市场。这个被称为“谷物市场”（Staropazaro）的商业和约会场所，位于古罗马阿哥拉的位置上。市政大楼，或者说是雅典的土耳其统治者所在地，位于谷物市场的北部，哈德良图书馆的西南角，离一所古兰经学校或是伊斯兰教高等学校不远，其入口门廊上的书房碑文仍清晰可见。这便是普拉卡街区的全部了，其中迷宫般的小房子在白天是那么宜人，在晚上是那么不真实，我们必须大步走遍雅典来找寻一点那已经遗失的，既属于希腊也属于土耳其的过去。

现存的那两座清真寺（原本有六七座）里并没有什么值得注意的东西。齐斯达拉基斯（Tzisdarakis）清真寺建于1759年，在1958年以后便成为装饰艺术博物馆所在地。还有一座更清雅、更古老的费特希耶清真寺（Féthiyé Djami，即“征服者的清真寺”），它是穆罕默德二世（Mehmet II）于1458年来到雅典时落成的。

矗立在雅典卫城的顶端、在拜占庭统治下已改建为大教堂的帕特农神庙，在奥斯曼帝国占领初期又被改造为清真寺。伯纳德·霍尔茨曼（Bernard Holtzmann）简洁明了地总结了当时的操作：“废除内部基督教装饰，用石灰浆粉刷掉墙上的壁画，并安装了一个清真寺的尖塔。”除此之外，在帕特农神庙内，人们还布置了一间（清真寺内面向麦加的）壁室。

1687年，帕特农神庙遭遇了一场可怕的爆炸，昔日辉煌的建筑沦为废墟。17世纪末，人们在其废墟上又建立了一个新的礼拜场所，但规模小得多，并于1842年被拆除。

我们马上就会明白，“奥斯曼化”雅典的不是建筑物，更不是语言或宗教，而是占领者强加给整个希腊世界的一种生活方式、一种社会关系。在宗教方面，无论是犹太人还是基督教，奥斯曼人确实不关注于禁止或改变其宗教信仰。虽然这种宽容度十分可观，但它还是有限度的。例如，非穆斯林必须支付很沉重的赋税。想要继续信奉自己的宗教，所要付出的代价可不只是经济上的，同样还有社会层面的。除此之外，还有德夫希尔梅制度（Devchirme，在希腊语中是paidomazôma）的实行。这个制度不仅是为了让奥斯曼人能组建耶尼切里（janissaire）军团，还为了维持整个公民政府管理机构的运转，制度规定每五年强制性招募基督教儿童。

夏多布里昂于1806年8月来到希腊游览，并给我们留下了一段值得引用的记叙。他是一位匆忙的旅行者，在希腊只待了十九天，其中只有四天是在雅典度过的。但真正的旅行者就像真正的诗人一样：尽管奥龙特（Oronte）不乐意（在《恨世者》一书中），时间也是没有绝对意义的，旅行者们能在片刻之间抓住别人要花几个月才能瞥见的东西，前提是他们也从未见过。刚登上摩顿山，即伯罗奔尼撒半岛上的一座高峰，夏多布里昂就看到了其中的关键：不过是占领者的粗心大意和国家的破败不堪。“我们从半残的城门进入，走进一条街道，或者说是一个真实的营地，这不禁使我想起德·波纳尔（de Bonald）说的‘土耳其人在欧洲安营扎寨了’”。

一路走来，情节不断推进，夏多布里昂讲述了这个国家的极度悲惨，几乎所有的居民都停滞了，无论是土耳其人、希腊人还是阿尔巴尼亚人，包括城主的儿子——那位“因发烧而面黄憔悴”的垂死的墨伽拉青年。此外，他还讲述了奥斯曼当权者的极端暴虐，因为这正是造成不幸的直接因素。最令

法兰西王国
图卢兹
热那亚
维也纳
威尼斯共和国
匈牙利
摩哈赤
巴塞罗那
罗马
那不勒斯
葡萄牙王国
西班牙王国
地
中
阿尔及利亚
突尼斯
的黎波里
的黎波里
1551
班加
昔
1512年的奥斯曼帝国
1512年—1520年塞姆里一世的扩张
1520年—1566年苏里曼一世的扩张
1566年后的扩张

鼎盛时期的奥斯曼帝国版图

人愤慨的是圣·保罗的孤儿那一幕，这也表明夏多布里昂并不是我们所想的、被迷惑的希腊独立战争支持者：人们已不知道到底该把带来恐怖的“荣誉”授予谁，是因为狭隘残忍而颁给希腊人，还是因为无耻贪婪而颁给摩里亚（Morée）的帕夏（Pacha）[①]。

如果非要挑选一页的话，那就选看起来像道德故事的这一页吧。根据夏多布里昂的描述，他正在柯林斯附近。他来到了卫兵哨所前：“我出示了帕夏的指令，于是指挥官邀请我去他的小屋里抽烟、喝咖啡。……他检查了一番我的武器，而后指了指他自己的武器，特别是一支据他说射程特别远的长步枪。那些看守卫兵瞥见一位农民从山外爬上来，就喊他下来，但他没有听到。而

① 帕夏：奥斯曼帝国的各省总督；旧时土耳其对某些显赫人物的荣誉称号。

油画《总督到达威尼斯》，[意] 弗朗切斯科 · 瓜尔迪 绘

后，指挥官费力地站起身来，在杉树间瞄准了这位农民很久，并且对着他放了一枪。然后他迅速回来了，重新坐回垫子上，就像之前一样安静善良。而那个农民明显受了伤，因为他一边哭一边流血。人们为了治好他，又给了他五十棍。”

故事由此奠定了基调。人们肯定不会住在雅典以及伯罗奔尼撒半岛的中心（当时指摩里亚）了，不过夏多布里昂在法国领事路易·法朗索瓦·法维尔（Louis-François Fauvel）处的短暂停留期间，并没有在那儿发现这种场景。但是，想要这不公平的事情得到些许改变，就不能减少其丝毫沉重感。而人们在那里，相比其他地方，感受到了更多的历史的变幻莫测。

仿佛只有土耳其人还不够，事实上在17世纪末和19世纪初，雅典又不幸地经历了其占领者曾宽恕过的两位掠夺者的破坏，他们带来的创伤巨大，连石头都被毁坏了。这两位掠夺者一位是威尼

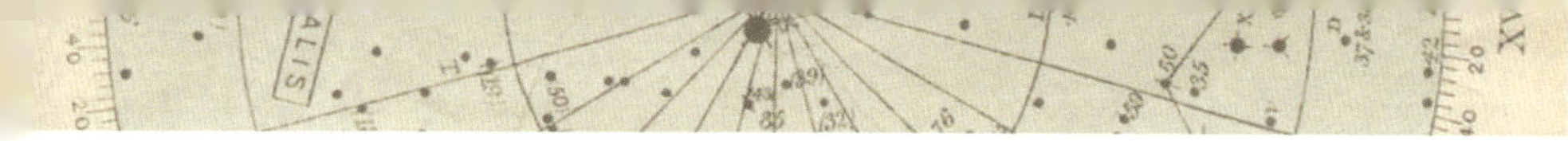

古代文献上 16 世纪的奥斯曼帝国疆域图

斯人莫罗西尼，另一位是英国人埃尔金，所有热爱古雅典的人都对他们记恨于心。

威尼斯人凭借着海军和强大的防御要塞，在君士坦丁堡沦陷后，继续与入侵者在伯罗奔尼撒半岛上进行激烈的争夺。他们在科隆（Coron）、莫顿（Modon）、皮洛斯（Pylos）一直纠缠到1500年，在纳夫普利翁（Nauplie）和莫奈姆瓦夏（Monemvasie）甚至纠缠到1540年。直到1718年《帕萨洛维茨条约》签订后，土耳其人最终将统治范围扩大到了整个地区。

在威尼斯人和奥斯曼人的多次冲突中，有一次，雅典留下了永久的伤痕，至今仍清晰可见。1684年，威尼斯共和国加入了基督教国家联盟，它希望借此重新夺回在地中海东部的领地。于是在弗朗西斯科·莫罗西尼的正确指挥下，威尼斯在1686年组织了一次远征。两年后，莫罗西尼成为威尼斯共和国第108任总督。1687年7月，在帕特雷取得决定性胜利之后，他决定攻占雅典。

9月21日拂晓，近9000人和900匹马在比雷埃夫斯港登陆。土耳其人在雅典卫城上筑垒固守，他们摧毁了雅典娜尼基神庙，用来放置炮火。莫罗西尼则在雅典卫城下安装了两个炮台，在缪斯山和普尼克斯山上也安装了火炮。25日，卫城山门被击中了。但在26日晚发生了更糟糕的事情，一枚臼炮正面击中了帕特农神庙，炸毁了土耳其人存放在那儿的火药。莫罗西尼描述称，这是“走运的一击”（fortunato colpo）。

就让伯纳德·霍尔茨曼以他惯常的简洁明了的语言来做一下总结:“帕特农神庙此后只是一个有缺口的遗迹了，神庙的门廊（pronaos）和内中堂（naos）几乎完全被摧毁，北侧的八根柱子和南侧的五根柱子也全被推倒。”但这一切，我们敢说，都是无用功。因为到头来，威尼斯并没有足够的财力来维持驻军和建造新的防御工事，于是在1688年2月，他们决定放弃雅典卫城和这座城市——一座大部分居民都被清空了的城市。

但在经过时不带点小纪念品也不行。“在考虑到雅典将被舍弃的情况下，”莫罗西尼向威尼斯议院解释说，“我曾设想过，把那些能给共和国增添光彩的装饰品中最美丽的一部分搬运走的计划。秉承着这个意图，我尝试拆下密涅瓦神庙（Minerve）的外墙，那里有最美丽的雕塑、朱庇特的雕像和两匹华丽的马的浮雕。但是，当人们刚刚开始拆除大檐的顶部时，所有的东西突然从高处掉落下来。不过所幸没有任何工人受伤。”我们或许可以原谅掠夺者的无知（莫罗西尼把波塞冬当作了朱庇特），但是不能原谅他们笨拙的愚蠢行为。

托马斯·布鲁斯（Thomas Bruce），第七代埃尔金伯爵，于1799年被任命为英国驻君士坦丁堡特命大使，直至今日，他都遭到人们的厌恶。但在当时，同时代人批判他的主要原因，并不是因为他夺走了艺术品（罗马人在希腊、法国人在意大利也都这么做了），而是因为他为了夺走艺术品，损毁了那些纪念性建筑物。

1811年，也就是拜伦发表《密涅瓦的诅咒》的同一年，夏多布里昂强烈地谴责了对帕特农神庙和厄瑞克忒翁神庙的破坏行为：“他（埃尔金伯爵）想把浮雕从檐壁上移走。为了达到这个目的，土耳其的工人先是打破了下楣，并将柱头抛下；然后，他们没有使檐壁的排挡间隙从滑槽中出去，因为他们觉得打碎檐口的方法会更快。在厄瑞克忒翁神庙，它的角柱也被取走了，以至于今天必须用一堆石头来支撑它，因为整个柱顶盘都有坍塌的危险。”

随着雅典卫城新博物馆的开馆，争论再度升温，此时，或许我们可以静

油画《威尼斯人和荷兰人联合舰队在福哈湾与土耳其人作战》，[荷兰] 阿伯瀚姆斯·比斯特拉腾 绘

油画《火神与维纳斯》，[荷兰]杰拉德·德·莱雷西 绘

心思考一下这次洗劫给《巴黎到耶路撒冷纪行》的作者带来的启发：“雅典的纪念性建筑在它们诞生的地方被拆毁，它们的美丽也减少了。只有特定的光线才能使某些轮廓和色彩的精致显现出来。但是，由于英国的天空下缺少这种光线，于是这些轮廓和色彩都消失或隐匿了起来。”最近我参观了大英博物馆的那些“埃尔金大理石”，我只能肯定，它们都深深厌烦了这里。

米罗（Milo）的维纳斯[1]，也在希腊被掠夺了，但这次没有造成任何毁坏。1820年4月8日，一个希腊农民在田野中发现了它，之后通过不可思议的谈判，它被马塞卢伯爵买下献给了法国，不过这也很好地揭示了奥斯曼政权的腐败。在乘船前往法国途中，“断臂维纳斯”曾在比雷埃夫斯港停靠了一会儿。我们已经提过多次的路易·弗朗索瓦·福维尔，曾希望有机会凝视她，这

① 米洛的维纳斯：也称断臂维纳斯，一座著名的古希腊雕像。

油画《希腊独立战争》，绘者不详

位希腊的超级“粉丝”最终如愿以偿。

接下来是夏多布里昂的好友——马塞卢伯爵在1854年运用连续的笔法对这一场景的描绘，其风格明显受到子爵②的影响：“在这绝妙的天气中，天空是如此纯净，夜雾是如此透明；这个曾响起过无数胜利呐喊的港口，现在却悲凉而荒芜；这座被遗弃的地米斯托克利的坟墓，被见证过英雄荣耀的波涛冲刷着。透过比雷埃夫斯港停靠的那潮湿的、孤零零的船的桅杆和绳索可以看到，月亮在海默特山后缓缓升起，那微弱的月光，却在阿提卡如此明亮，光线一直延伸到大理石上。船员们都缄默不语，那位老哑巴古董商……”

人类动荡的历史中出现了一个短暂的停顿。雅典迎来了几百年来都未曾经历过的和平与宁静的奇迹般的时刻。但爱神来也匆匆，去也匆匆。接替她的是她的情人——战神。一年之后，也就是1821年3月25日，在圣母领报节（jour de l’Annonciation）的这一天，独立战争爆发了。

在这场持续了十多年的、被希腊人称之为“ethniki épanastasis”，即民族革命的战争中，雅典人很快就获得了解放，但在很晚的时候才再度恢复自由。强烈反差的命运，是这场奇特冲突波澜起伏的极佳写照。战争中，希腊人几乎花费与对抗蛮族，此处即为对抗奥斯曼人时相同的时间去进行内部对抗，就像伯罗奔尼撒战争时期那样。

在这场战争中，雅典竟没有一刻是真正的战略要地。但在欧洲公众眼中，它具有重要的象征价值。它是古希腊的记忆，更确切地说，它是地米斯托克利和伯里克利时期雅典的记忆，是现代世界对这座城市、对这个令古希腊文化爱好者感到动容和感动的受难国家应有的认知。“两个希腊”（往昔

② 指夏多布里昂。

的希腊——“竖琴”的希腊，和今日的希腊——“琵琶”的希腊）的主题概念贯穿了《东方诗集》（1829年）全文。在拜伦之后，受到启发的维克多·雨果发出了最有信服力的声音。

一切是从一场胜利开局的，但是因为胜利者的行径，局势又恶化了。雅典人先是像他们的祖先在希波战争时一样，到萨拉米斯岛避难，而后回到了雅典，并围住了雅典卫城，但土耳其守军却在那里设下路障。1821年7月，奥斯曼帝国派遣的阿尔巴尼亚将军奥梅尔·弗廖尼（Omer Vrionis）的到来扭转了战局。他们在城市周围组织名为“希腊狩猎”的行动，人们被折磨至死，或被刺死。以此为乐的弗廖尼于11月时又返回了，围困再度开始。

希腊人则设法成功地切断了土耳其人的主要饮用水供应：位于雅典卫城南坡的水井。它曾为狄奥尼索斯剧院附近的阿斯科勒庇俄斯圣所提供水源。赢了臼炮，赢了坑道，驻军最终败给了口渴，他们于1822年6月22日投降了，并得到了非常有利的条件。他们的生活得到了保障，每个人都可以带走一半私人物品，并且可以被转移到小亚细亚半岛。但那些愿意留下的人，则可以留在原地。

希腊的队长们当着雅典大主教的面，以圣经之名做出了尊重条约条款的承诺。在聚集在一起的外交使团面前，法国领事路易·弗朗索瓦·福维尔，也就是16年前在雅典欢迎夏多布里昂的那个人，发出了热情洋溢的请愿，对此，法国第一批古希腊文化爱好者之一的路易·马克西姆·雷波（Louis-Maxime Raybaud）为我们留下了记载：“今天，世界的注意力都集中在希腊，更确切地说，是集中在这个有着如此辉煌历史的城市中……不要让见证胜利的这天，也见证你们因不遵守承诺而玷污这一胜利的事件……誓要帮助弱者，誓要对不幸的人怀有仁慈之心。”

油画《希奥岛的屠杀》，［法］德拉克洛瓦 绘

但这其实没有任何用处。历史学家大卫·布鲁尔（David Brewer）详细地叙述了以下情节，据他估计，到7月中旬，即投降后不到一个月的时间，组成守军的1150名土耳其人中，有近一半的人被雅典士兵屠杀了。“希腊狩猎”并没有被他们遗忘，处决人质的事情也同样被铭记在心。而这场战争，就像所有这类战争一样，早已变得不可救赎。

经过多次协商之后，堡垒的指挥权委托给了奥德修斯·安德鲁索斯（Odysseus Andhroutsos）。但是安德鲁索斯在临时政府中很快失势，他的副手南尼斯·戈拉斯（Iannis Goras）取代了他在雅典卫城的职务。安德鲁索斯还与土耳其人达成了一个协议，但土耳其人很难被他说服。预感到最坏的情况后，他又更换了阵线，并屈服于戈拉斯。被带到雅典后，他被囚禁在一座法兰克人在卫城山门附近建造的塔内。1825年6月17日上午，他的尸体在三十米下的雅典娜尼凯神庙的石板上被发现。很显然，他是被扔出窗外的，尽管官方得出的结论是他企图越狱但走错了方向。

在整个报复过程中，这样的行为在独立战争期间还有很多，但土耳其人却丝毫没有显露出夺回堡垒的企图。直到1826年，他们才表现出来。成功改革军队的苏丹总算明白，面对列强愈发明显的干涉，想要恢复利于自己的平衡关系，唯一的办法便是拿下雅典。

1826年6月底，雷希德（Reshid）帕夏的军队在城北的帕提西亚（Patissia）设立驻地，总人数达7000人，其中包括800名骑兵。7月底，他们在菲利帕普斯山上安装了大炮，1687年的时候，威尼斯人同样是在这里安装过大炮。希腊驻军仍由安德鲁索斯的前部下戈拉斯指挥。8月，在希腊领导人卡拉伊斯卡基斯（Karaïskakis）和法国古希腊文化爱好者法比耶（Fabvier）的共同领导下，希腊发起了第一次援助尝试，两位领导者后来互相推脱失败

《纳瓦林海战》，[法]安布鲁瓦丝·路易斯·加尼雷 绘

的责任。

戈拉斯死后，正是这位法比耶在12月中旬立了大功，在土耳其人毫不知情的情况下，他竟将六吨火药带入了堡垒。这让年轻的《东方诗集》作者激动不已，莫里斯·巴雷斯（Maurice Barrès）在他的《斯巴达之旅》一书中也不忘向他致敬。陪同法比耶的500个人，包括他自己，每个人都背着沉重的包袱爬上了城楼的顶部。

法比耶此后被困在了雅典卫城，生活越来越艰难，唯一的希望只来自外界的介入。希腊人选择在比雷埃夫斯港登陆，但很快就出现了指挥上的问题，而且由于地形上的困难，问题愈发严重。某些领导人（包括英国亲希腊者、戈登〔Gordon〕、丘奇〔Church〕和科克伦〔Cochrane〕）的无能，加上希腊士兵的无纪律性，1827年5月6日发生了一场沉重的灾难（1500人死亡）。对于法比耶来说，唯一的解决办法就是投降。

有两位作家（一位历史学家和一位诗人）访问了在战火中几乎被完全摧毁的雅典。他们来到这个奇特的暂时“无人区”，见证了从战争真正的转折点——纳瓦林战役（1827年10月）开始，到雅典卫城被土耳其驻军遗弃（1832年8月）的历史。

1828年，查理十世决定派遣一支远征军前往摩里亚（Morée，也就是伯罗奔尼撒半岛）帮助起义者，随行的还有一个科学考察团。埃德加·基内特（Edgar Quinet）是其中一员，他于1829年3月2日在纳瓦林（Navarin）登陆，但很快就与同伴们分道扬镳，自己找路来到了雅典，并于4月底从雅典出发前往法国。以下便是这座城市呈现给他的模样：“我们以为自己已经对其废墟的印象习以为常了，而且我们对雅典的迷惑攻势已做好了防御准备，但没想到她的痛苦超出了我们的预期。在山的背面，城市一直建到了半山腰，在山脚下的半圆形里，倒塌的房屋已经滚成了黄土堆，目之所及，不知其形。那些还坚挺着的建筑，屋顶被拆了，墙体也开了，给人的感觉应该是最近才被破坏的。”

三年之后，拉马丁（Lamartine）目击的也是这幅场景，并且用以说明的措辞几乎都是一样的。他是在1832年7月前往东方的，并且经历了最坏的事情，这里不是指物质上的（他的旅行非常奢华），而是指精神上的（他的女儿与他同行，但不久就在贝鲁特〔Beyrouth〕死于肺结核）。那么他本来在雅典感受到的是什么呢？是一些“荒芜之景”：“我们走进了城市，这里其实是一个由狭窄小径构成的错综复杂的迷宫，到处是一段段倒塌的墙壁，破碎的瓦片、乱扔的石块和大理石。在这些白色的、普通的、废墟中的小破房子里，有几个肮脏的、散发恶臭的窝，一些希腊农民家庭便拥挤、躲避在那里。”

拉马丁是否遇到了我们在上一章提到过的这位正在寻找长墙碎片的英国“古董商”呢？克里斯托弗·伍兹沃思（Christopher Woodsworth）在1832—1834年前往希腊旅行时，运用的也是这样的措辞，只是缺乏了一些写作才能：“雅典城如今已是一片废墟。街道上几乎无人居住，所有的房屋都失去了屋顶。教堂只剩下光秃秃的墙壁，以及一堆石头和灰泥。那里只剩一座教堂还在举行仪式。”

在奥斯曼四个世纪的统治结束时，这座城市已准备好成为希腊王国的首都了。

Subdivisées en leurs PRINCIPALES PARTIES ou MERS. Avec les N. Observations de M.rs de L'ACADEMIE. Dressée par le S.r SANSON.
Septentrion
Midy
MER ATLANTIQUE
MER D'ESPAGNE
MER DE PORTUGAL
MER DE GALICE
MER D'ASTURIES
MER DE BISCAYE
MER DE GASCOGNE
MER DE FRANCE
FRANCE
ESPAGNE
CASTILLE NOUVELLE
ANDALOUSIE
ARAGON
CATALOGNE
GOLFE DE LYON
MER DE FRANCE
ISLE de CORSE
ISLE DE SARDAGNE
MINORCA I.
MAJORCA I.
MER DE PONANT
MER D'ESPAGNE
BARBARIE
ROYAUME D'ALGER
ROYAUME DE TUNIS
ROYAUME DE FEZ
ROYAUME DE MAROC
Monts Atlas
SEGELMESSE
Golfe de las Veguas ou Golfe des Juments
Destroit de Gibraltar
Golfe de Salé
PARTIE
Mille Pas Geometriques
Milles d'Angleterre
Lieües de Suede
Lieües de France
Lieües d'Allemagne
Lieües de Pologne
Lieües d'Espagne
Milles d'Italie
Lieües de Hongrie
Lieües de Moscovie
Lieües d'Une Heure de Chemin
Dietes ou Journées

古代文献上 19 世纪的地中海地图

第七章：现代雅典

20th A.D. — 21th A.D.

“希腊摆脱了它的国王及君主体制。希腊终于属于它自己了。”

天空是一片清澈柔和的蓝。在赛西翁神庙，也就是我们现在所说的赫淮斯托斯神庙之后，伊美特山上飘浮着几片薄雾；左边是吕卡维多斯山，依旧荒无人烟；右边是雅典卫城。以卫城山门为正面，帕特农神庙在其斜侧面，其上方还有一座法兰克塔，但如今已经消失了。朵朵白云环绕在城墙之上，炮弹正在发射，但显然也只是为了和平。如果从影子的方位，以及柱子和台阶上的蜜色来判断的话，应该已经是傍晚了。

景色的最前端，是聚集在一起的欢快、紧凑、五颜六色的人，他们占据了寺庙的周围、通往寺庙的台阶，甚至建筑的内部。男女人数差不多，父母都是和孩子一起来的，左前方还有一条狗。每个人，包括那条狗，都看向右边。右边是一位英俊的年轻人，光着头，无可指摘地穿着最正规的蓝色制服，从一匹极佳的大白马上下来，侍从正拉着马的缰绳，据说他正接受着来自民间和宗教当权者的敬意。

当然，上述描绘的都是一幅保存于慕尼黑新美术馆的画作，此馆中藏有大量关于这一时期希腊的见证：有值得更大名气的风景画（特别是卡尔·罗特曼的二十三幅大型画作），还有像上面那幅一样关于历史场景的画作。作画者彼得·冯·赫斯（Peter von Hess，1792—1871）受巴伐利亚国王路德维希一世派遣，承担了目击者和记者的使命。他“以此为动机”画了不少草略图。而后，他回到安静的画室中，在闲暇时完成了画作，这正是那个时期的绘画特点。

画面中那个被世人永远铭记于心的年轻人就是希腊的奥托一世（Othon I），他是这位资助者[①]的儿子。还是未成年人的他，由摄政理事会的三位成员随行，他们分别是冯·阿曼斯伯格（Armansperg）、冯·海德克

① 指路德维希一世。

（Heideck）和冯·毛雷尔（Maurer）。那么这个场景发生在何时呢？我们可以认为这是在1834年12月13日，当时人们在赛西翁神庙为新国王颂唱“感恩赞”（东正教中的颂歌），以示对他的敬意。但还没等这位国王探索完这座城市，他便在此处永远定居了。正如奥克塔维安·梅里埃（Octave Merlier）所指出的那样，他早在1833年5月23日就到了雅典。一个月之后，也就是6月29日，他签署了将雅典定为首都的法令。这是在1833年，或是1834年？具体的日期其实并不重要。这幅直到1839年才完成的缺乏趣味的画作灵感，可能来自好几次游览、好几次不同的“入场”。

为什么在希腊有一个巴伐利亚的国王呢？因为这是那些大国所决定的。维也纳会议中的欧洲最不相信的便是民主了，并且他们对希腊人也持不信任的态度，因为他们对希腊人的内斗倾向已有充分的时间考量。在冲突中显露出来的唯一政治家，是沙皇前外交大臣让·卡波·德·伊斯特里亚（Jean Caapo d’Istria），他于1827年4月当选为尚未独立的希腊的总统，4年后在纳夫普利翁的圣斯皮里东（Saint-Spiridon）教堂前被暗杀。在英、俄、法三国看来，时机已到，除了将这个新国家置于监护之下，别无他法。希腊需要一个国王，并且一定是非希腊籍的国王。正如1864年至1868年担任法国驻雅典全权公使的戈比诺写的那样：“对于希腊，便是以欧洲的方式来容纳这个东方国家。”

早在1830年2月，英国国王乔治四世女儿的鳏夫便与萨克森-科堡的王子利奥波德取得了联系。原则上本来是已经说好的，但是事情随后又被谨慎而优雅地取消了。不过利奥波德也得到了安慰，因为他在第二年成为比利时的第一任国王。大国们再次寻找人选，后来不费吹灰之力便找到了。巴伐利亚的路德维希一世是古希腊的忠实爱好者，并且是一个坚定不疑的亲希腊者，一段时间以来，他一直在为自己的次子努力“游说”。于是协议很快就达成

奥托一世画像，绘者不详

了。1832年5月的伦敦会议，将希腊的王位给予这位年轻的王子，他在7月正式接受了王位，即使希腊与土耳其的边界问题才刚刚结束。国民议会一直被小心谨慎地排除在谈判之外，所以他们别无选择，只能批准这一决定。继土耳其政府（tourkokratia）之后，便是这个政府被希腊历史学家一直称为“xénocratia”，即外国人的政府。

1833年1月，奥托一世乘坐英国护卫舰（外国人政府的重大象征）在纳夫普利奥登陆。在彼得·冯·赫斯的另一幅画中——没错，一直是，或者说又是这位作者描绘了奥托一世的到来。作为战争首领，维特尔斯巴赫（Wittelsbach）家族的幼子是在马背上占有自己的新国家和新臣民的。几个月之后，他不再像往常一样作为一个胜利者，而是作为一位和平的君主踏上了雅典的土地。一个王者的诞生，也是一座城市的重生。

有些决定会让历史发生天翻地覆的变化。出于各种原因，主要是战略原因，希腊起义者选择了纳夫普利奥作为首都。这座城市有足够的自然资源，并且留有近期的斗争记忆。但是，在路德维希一世这位现代雅典的真正设计师的心目中，早已有了另一个原因。

这位有魅力的人物，是伏尔泰所说的开明专制者的一个相当好的例子，埃德蒙·阿布曾诙谐地形容他“因热爱美术和优秀艺术家而闻名于世”。他对臣民很严苛，却拥有不可否认的审美品位和公认的建筑天赋。正是他塑造了慕尼黑，他知道如何为这座欢乐、高雅的城市换上最美的盛装。他使笔直的大道穿过整座城市，并用博物馆来点缀它：例如慕尼黑古代雕塑展览馆和古物收藏馆、老美术馆和新美术馆……他对古希腊的迷恋至少和对罗拉·蒙特斯（Lola Montès）的迷恋一样多，他曾努力将慕尼黑改造成“伊萨尔河畔的雅典”。而后来他却通过儿子，试图将雅典改造

油画《奥托一世在纳夫普利翁登陆》，[德]彼得·冯·赫斯 绘

成伊利索斯河边的慕尼黑。

“是奥托国王，或者说是他的父亲，希望雅典成为王国的首都。他们做出这个选择，与其说是政治意义上的，不如说是考古意义上的。但如果把首都置于柯林斯地峡上会更好一些，这样便处于王国的中心、东西部之间，横跨两片海域。”埃德蒙·阿布的这些话在几年后之后得到了戈比诺的响应：“希腊王国的首都应该建于柯林斯地峡上，靠近意大利，挨着欧洲，就像过去一样，未来就可以成为世界上这一地区与亚洲和非洲的集散地……”1930年，奥克塔维安·梅里埃在列举了纳夫普利奥和帕特雷（Patras）能提供的优势之后，也同意两位前人的观点：“最后是柯林斯，它的位置更加优越，位于地峡上，支配着两片海域，是一个海上王国令人赞赏的首都。”

从经济角度看，这三位智囊都说得有道理。但是从政治意义上来说，他们是错误的。请埃德蒙·阿布别见怪（虽然他说的那些话，后来已经改变了含义），恕我直言，路德维希一世的选择，正如他默默无闻的儿子证实的那样，确实是一种政治选择，而不仅仅是一个“古董收藏家”的心血来潮。对于我们现代人来说，政治便是意识形态，在时代背景下，没有什么比选择雅典为首都更能体现意识形态的烙印。欧洲舆论热衷于起义军的事业和大国最终团结起来的原因，那都是古希腊，因为雅典当时被公认为文明和文化的摇篮。

此处套用一个著名的句子：1833年的希腊是什么呢？什么都不是。伯里克利时期的希腊是什么呢？是一切。所以我们只好尽可能地回归伯里克利时期。夏多布里昂惊讶地发现，自己与阿尔巴尼亚人打交道的次数比希腊人都多，因此希腊可以希腊化，或者说重新希腊化。如果不复苏过去的伟大人物和纪念碑，仅以宗教和语言为基础，民族情感又如何能得到加强呢？

这也正是摄政理事会的三位成员之一、研究高卢及日耳曼习惯法的法学家和历史学家冯·毛雷尔在其1834年发表的著作《希腊人》中所主张的方法。另一位后来成为巴伐利亚人的德国历史学家法尔梅拉耶（Fallmerayer）在更早的时候竭力想证明，以民族观念为名义，当代希腊人不能被视为古希腊人的后裔，为此还激怒了路德维希一世。毛雷尔更接近于雷南（Renan）的选择性或唯意志论的国家观念，他表示，假设这种情况真的被证实，唯一的解决办法便是利用考古和历史两者的政治性来服务于权力。

但是让我们回归到最初，也就是彼得·冯·赫斯的那幅画作。让我们仔细地看看人群。刚才我们说他们是紧凑

油画《奥托进入雅典》，[德]彼得·冯·赫斯 绘

路德维希一世画像，绘者不详

的、色彩丰富的。的确是这样，其中特别的点也在于它的色彩非常丰富。来自阿提卡大区、伯罗奔尼撒半岛和各岛屿的穿着各式服装、顶着各式发型的人都汇集在赛西翁神庙。在一顶土耳其帽和一个头巾之间，有一顶大礼帽。最左边有一个土耳其人，无精打采地拿着长烟筒抽烟。而主教的奢华祭披却增加了不相称的闪耀，画家对此非常满意。

如何画群体中的个人？在这种无序中，统一的原则又藏于何处呢？答案就在画中。在人群的背后，也就是人群的上方，有一座呈仰视视角的老多立克神庙，它是希腊世界最小、最矮胖，但是保存最为完好的神庙之一，它占据了画面的主导地位，并强制性守护着画面中的所有参与者。这幅画是值得讨论的。作为一份有力而清晰的证据，它告诉我们路德维希一世寻求的究竟是什么：其实是为了控制、管理现代希腊。现代希腊其实没有多少形式可循，也或许有过多的形式需循，导致它必须以古希腊为蓝本。从各种意义上讲，这是一项真正的反向守旧事业，在20世纪70年代（历史总是重复的，但是第二次是玩笑），由具有悲情记忆的上校们接手。

因此，现代雅典将会是古代雅典的翻版。古雅典人得到了什么，我们或许还不是太清楚。但是我们却能很清楚地看到现代雅典失去的究竟是什么。对于今天的游客来说，还有什么比仿造物与原件、复制品与模型共存更奇怪、更荒唐的呢？这是我每次从吕卡维多斯山下来前往大学讲课，看到雅典卫城之时，都会对自己说的感想。这也是我每一次返回这座混合体城市，在迪士尼乐园和考古保护区之间的某处，看到那么多仿造物就这样放肆地与那么多真品为邻的时候一直对自己说的感悟。

人们很能理解我。从巴黎的玛德琳大教堂[①]门前经过，和从雅典的阿加

① 玛德琳大教堂是一座希腊神庙建筑风格的大教堂。

德米学院门前经过，是完全不一样的感受。在建筑史上，不管是德国、英国还是法国，都存在过一个所谓的新古典主义时期，人们可以去欣赏也可以不去，于我而言，对于这个时期一直无动于衷。但人们毕竟能够因此在离希腊几千公里的地方，拥有一座有本国风格、属于本国的帕特农神庙，这也不乏趣味。更何况对于那些既不愿意在他国，也不愿意在本国欣赏帕特农神庙的人来说，巴黎还藏有许多其他风格的建筑。

巴伐利亚人的理由，我们是无论如何也说不完的，但首先肯定是政治上的。杰拉尔丁·帕戈（Géraldine Pago）用一句绝妙的话语总结道："旧的形式使新的形式合法化，从而使创造它的政体也合法化。"正是由于人们将这种推理进行到了荒谬的地步，普鲁士出身的建筑师卡尔·弗里德里希·辛克尔（Karl Friedrich Schinkel，柏林老博物馆就是他的功劳）才在1834年提出在雅典卫城建造未来的王宫。这是每一个考古学家的噩梦。这项主要因为资金原因才失败的工程，当时远没有今天看起来那么"粗野"。辛克尔非常注意对古建筑的保护，并且他计划给新的建筑套用罗马化的式样，以避免原有建筑和新增建筑混淆。

皇宫的问题，其实是最迫切的问题。但只有在雅典卫城假说被排除后，只有事先就今天所谓的"总体规划"达成一致，才能解决这个问题。这项工程早在1832年就委托给了一对极具象征意义的建筑师夫妇：一位是德国籍的爱德华·肖伯特（Eduard Schaubert），另一位是希腊籍的斯塔马蒂斯·克兰蒂斯（Stamatis Kleanthis）。这两位旧时科佩尔（Capo d'Istria）的合作者很快制定出一个总体计划，但该计划立即遭到了老居民的强烈抵制，因为他们感受到了被剥夺所有权的威胁。为了补偿他们而不得不承诺的专款，不管怎么说，也被劝止了。后来建筑师们只有请来路德维希一世的建筑师利奥·范·克伦兹（Leo Van Kenze）做增援，对其进行了一系列的修改。1834

年9月18日，摄政者才通过了该项目的最终版本。

正如埃德蒙·阿布用他那一贯形象的文笔所写的，这些新雅典的建筑师面对的，是“一个被干旱平原包围的、倒塌的城市”。他们最后同意不触及村庄（今天的普拉卡地区，雅典小蒙马特高地），而是在村庄的下面安置现代城市，也就是雅典卫城的北边、部分哈德良城的所在地。但这是一项有影响性的决定。从长远来看，在旧城之上建造新城，使得挖掘工作无法进行。特别是鉴于该场地的不方便性，那种迷人却过分狭窄的几何形状，很快成为现代雅典所应遵循的形状，即使它有点组织性，也还是成为所有城市发展的障碍。

1834年的规划安排非常简单，奥克塔维安·梅里埃向我们解释说：“雅典从北到南将由一条宽阔的道路横穿而过，道路两侧是两条平行的街道（其中雅典娜街和欧莱街依然存在）。而这三条街道都会通向同一个种满树木的大广场，就在奥托广场（现在的协和广场）前。在现在的王宫所在地，也有一条可以通向奥托广场的宽阔笔直的道路（体育场街）。另一条对称的道路，从后面这条街（现在的比雷埃夫斯街）出发，通往另一个紧靠公园的大广场，其上将新建国王的宫殿。”这就是雅典最热闹但也是污染最为严重的广场——奥托广场，大家也已经顺便认识了它的法文名字（La Concorde）。顺便补充一下，体育场街（Stadiou）马上就会比东边的大学街（Panépistimiou）宽一倍了。

这种“鹅掌”模式受到了人们的推崇。唯一值得注意的变化，正如那位作者提到的，便是皇宫的位置。人们一开始考虑的是西边的陶瓷公墓，离阿哥拉（还有赛西翁神庙）也不远，结果人们发现这个地方不太卫生，风也很大。于是人们转向了协和广场，最后选择了三角形的东端，德国建筑师弗里

现代雅典市中心街道分布平面图

德里希·冯·盖特纳（Friedrich von Gärtner）受命在此建造新楼（1836—1842年）。

在工程期间，奥托一世便搬进了两栋联合在一起的房屋，它们是由两个富翁于1834年私自建造的，不久就被王室买下，分别位于帕帕里戈普鲁街（Paparigopoulou）5号和7号，紧邻着体育场街。这两栋房子是由一条有顶的通道连接的，现在是雅典市博物馆的所在地：一楼特别用于纪念奥托国王和奥登堡（Oldenbourg）大公的女儿阿玛利亚（Amalia）王后，他们是在1836年成婚的，这座城市还有一条主林荫道是以这位王后命名的（在雅典，与其他任何地方相比，历史更适合在大街上、在露天场合被阅读）。

宫殿本身是一座又宽阔又沉重的建筑，没有丝毫的魅力，与其说是宫殿，不如说是兵营。这座宫殿在1913年被君士坦丁一世遗弃了，他转而建造了“王太子宫”，由一位萨克森裔，后入籍希腊的建筑师恩斯特·齐勒在1891年至1897年间建造，这位建筑师虽然平庸，但是很多产（他还建造了同样位于雅典的国家剧院和考古博物馆）。

这座位于国家花园东侧的新宫殿，现在是共和国总统的住所。作为老式房子来说，它还拥有一段相当动荡的历史——于1909年被一场大火烧毁，在1922年和1923年间收容了来自小亚细亚的许多难民，于20世纪30年代初被修复，从1935年起成为议会召开的场所。它的面前是一个巨大的绿树成荫的广场——宪法广场（Syntagma）。今天，这里是所有活动的必经之地，就像巴黎的登弗特·罗切洛广场和巴士底广场一样。

除了中心元素，以及一楼的十多根多立克柱和顶层的基座，旧时的王宫几乎没有给人以仿造的感觉。它与巴伐利亚人建造的其他建筑肯定有很大不同。虽然它确实是由巴伐利亚人建造的，但它是由别人资助的。事实上，这个新诞生的王国尽管获得了借款资金，但还是很难应对将要面对的所有资本支出。之所以如此，是因为一种令人生畏的现象正在滋生。戈比诺曾全面地指出过这种现象，而历届希腊政府，包括最近的这届，都将无法控制或拒绝控制这种现象："民众对事情的发展过程是很关注的，他们一看就明白，要想从公款分配者那有节制的捐赠中分一杯羹，只有一条路可走，那就是成为雇员。因此，所有人都想成为那个雇员。"戈比诺还向我们指出："它（新王国）还太年轻，就被现代所有国家的通病困扰；它很快就被官僚主义的爆发所笼罩，政治寄生虫的不幸大量出现。"

就这样，在不到半个世纪的时间里，在散居国外的希腊人的帮助下，特别是来自维也纳的西纳（Sina）男爵的帮助，有三座建筑拔地而起，其中附近的一条街道（今天法兰西学院的所在地）便以这位男爵的名字命名。这三座建筑都位于大学街的同一片空地上，它们组成了我们今日有时会称呼为"雅典三部曲"的建筑：大学是最早建成的（1839—1864年），接下来是在奥托离开后建造的学院（1859—1887年）和国家图书馆（1839—1902年）。这个在最小的细节上都有模仿痕迹的"三部曲"，起源于两位相像的丹麦建筑师——克里斯蒂安（Christian）和西奥菲尔·汉森（Theophil Hansen）。

这两兄弟不遗余力地完成了被交付的任务。他们以考古学家的测量工作为基础，手握拿着量尺和铅垂线，抱着无可比拟的严肃态度，重新审视着雅典卫城。这些建筑没有任何视觉上的弄虚作假，也没有任何花里胡哨的东西，却有如此微妙的效果，这是古希腊人非常喜欢的。但在与之不协调的柱子上，有两座非常"俗气"的雕像，一座是雅典娜，另一座是阿波罗。还有庆祝奥托一世统治时期艺术和文化复兴的浮夸壁画。到处都是白色，一种太过纯净、太过光亮的白色。在关于历史巨片这个问题上，罗兰·巴特曾在他的《神话集》中进行了很好的分析，或者说是很好地用精神分析法进行了解释。人们渴望能对这三座建筑中的每一座，都采用安德烈·布勒东对万神殿提出的那种处理方式：按纵向锯成两半，使两半分离50厘米。

那所大学成立于1837年，是优先建设用地，也是使希腊重新希腊化的一个关键组成部分。学生们最初被安置在一座由新雅典设计师之一的斯塔玛蒂斯·科林斯提（Stamatis Kleanthis）在1833年购买的房子里。这座巨大的房子坐落于今天的普拉卡区的克雷普斯德拉斯街（Klepsydras）上，算是现代城市中最古老的住宅之一了，最近它被修复且改造为博物馆，在20世纪60年代也曾被当作餐厅使用。自1841年11月起，课堂就搬到了新建筑物中刚刚完工的部分中，人们象征性地赋予了它们“卫城山门”的名字。

当时雅典大学的教学用的是希腊语，但是用哪种希腊语呢？用一种与庄重的建筑一样严谨呆板的语言，我们称其为“katharévoussa”，也就是“纯净的”意思。戈比诺对这个学术性极强的方言的创立充满了赞美：“不到四十年前（1830年前后），现代希腊语从很多方面来看，都是一种包含非常珍贵的东西的方言，但是它的词汇却被混杂在其中的大量意大利语、德语和土耳其语词汇大大地破坏了。于是科学人士立即用心地去净化其糟粕……”“科学人士”在当权政府的刺激下没有丧失其人情味，他们把现代希腊语净化很好，甚至于衰落。

一次简单的历史回顾将有助于更好地理解巴伐利亚政治的深刻反动性。从古希腊通用语（即“koïné”，它本身又是古希腊语的直接继承者）衍生而来，拜占庭时期的希腊语世界形成了一种新的共同语言（这也是“koïné”一词的含义）。这种语言现在被称为“现代希腊语”（néa ellinika），本质上与古希腊语（archéa ellinika）相同，但发音不同（老实说，我们不知道柏拉图的同乡们是如何发音的），词法和句法上也有所简化，当然，与任何发展中的语言一样，它还增加了各种词汇——但其实还应该加上法语，戈比诺傻乎乎地惋惜道。

奥托一世将“纯正希腊语”作为王国的官方语言，并在精英语言、学术语言、通俗语言、世俗体语言和人民语言之间建立了一条鸿沟。语言学家称这种现象为“diglossie”，即同种语言内的双重语言，我们不应将其与双语混为一谈。此后，我们在一些阿拉伯国家，特别是在马格里布地区（Maghreb），可以看到这种现象潜藏的经济和文化破坏性。直到1975年上校倒台，才最终结束了雷蒙德·奎诺这位优秀的语言鉴赏家在战争间歇期迷恋于探索的局面。

雅典大学即使在“纯正希腊语”的限制下也发挥了很重要的作用。该大学不仅有希腊内部的希腊人来就读，许多外部的希腊人也可以就读，其中大多数人仍然生活在奥斯曼帝国的统治下。这些“领土收复主义者”一回到他们的家园，就受到希腊主义新福音的熏陶，并且赶忙在其周围散播好话。于是在希腊内外，诞生了“伟大理想”（mégali idéa），正如约阿尼斯·科莱蒂斯（Ioannis Kolettis）在1844年议会辩论中极力主张的那样——人们必须把新诞生的希腊国家恢复到以君士坦丁堡为首都的拜占庭帝国时期的规模。即使在今天，当一个希腊人说到“城市”时，如果没有进一步的准确说明，那么指的便是君士坦丁堡。

一半是出于信念，一半是出于机会主义，巴伐利亚和后来的丹麦等王室势力纷纷支持这个想法，其实这是一个梦想，但这个梦却在第一次世界大战结束后的几年里，几乎变成了最可怕的噩梦。雅典，作为“意外之都”，将因此在之后一个世纪里扮演着一个代理首都、一个默认首都的角色……

尽管奥托一世努力讲希腊语言，当然，是“净化”后的语言，尽管他喜欢穿希腊民族服装，但他还是很快就变得不受欢迎了。他被指责为没有皈依东正教，所以不能成为国王的继承人。人们尤其指责了他在另一个时期的暴政：1843年9月，一场军事政变，也是一系列政变中的首场，迫使他召开制宪会议，正是这次会议给了伊奥尼斯·科莱蒂斯发言权。会议中，他们起草了一份文件，于1844年3月颁布，由国王亲自在王宫的阳台上宣读文本，这也是为什么正对王宫的广场名为“Syntagma”，其意为宪法。

议员们已经工作得很好了，极其好。他们实际上已经实行了普选。但是，正如理查德·克罗格所指出的那样，这并没有考虑到“这些传统的行为和做事方式，就像巴尔干其他地方一样，正在扭曲议会机构的演变”。奥托其实是被人们逼迫的，他自己本来并不打算这么做。于是，宪法仍是一纸空文，仍旧不得人心。

1862年10月，雅典又发生了一次军事政变。奥托这次除了离开雅典，别无他法。他乘坐一艘英国船，原路返回巴伐利亚。取代他的是另一位外国人：丹麦的克里斯蒂安（Christian）王子，即国王克里斯蒂安九世的次子，他于1863年3月被国民议会选举为希腊人的国王（而不再是希腊的国王）。大国时刻警惕着。

乔治一世的统治已持续近半个世纪，他将以更多的谋略（于他而言一点也不难），继续执行前任的政策，包括“伟大理想”在内。新的宪法通过了，他得到的尊重多了一些。但最重要的是，在19世纪70年代末，一个以两党制为基础的政治制度开始形成，它与今日仍勉强运作的政治制度相同，或者说差不多：随着选举的进行，特里库皮斯（Trikoupis）[①]与德利吉安尼斯

① 查里劳斯·特里库皮斯：希腊政治家，于1875年至1895年间7次担任希腊总理，属希腊现代党。

（Deleyannis）轮替出现，就像后来的卡拉曼利斯（Karamanlis）[2]与帕潘德里欧（Papandreou）[3]那样。

在这期间，雅典的人口不断增加，城市的面积也按比例扩大。在1834年，雅典居民人数达1.4万人，1860年达到4.2万人，1879年达到6.6万人，1889年达到10.8万人，1907年达到16.3万人。由肖伯特和克兰蒂斯根据古比雷埃夫斯港正交规划设计的比雷埃夫斯新城，为我们提供了一个更加惊人的例子：雅典1834年有300名居民，到1866年有7500名，在1907年达到7.35万名。正如让·塔夫洛斯（Jean Tavlos）所记载的那样："城市的闪电式发展使我们有必要修改最初的计划。"但是，1860年底进行的这一场修订，很快就被证明是无效的，就像希腊的许多其他类似措施一样：人们对重视它，或让它被重视的兴趣并不大。

雅典的水、路、通信等问题都亟待处理，这都不是小事。奥托在统治末期致力于解决这些问题，而后乔治一世积极地继续接手。人们着手进行哈德良旧水渠的重修，一套期待已久的污水处理系统也已经投入使用，并且开始铺设街道。雅典终于摆脱了埃德蒙·阿布在1855年大方授予它的、与君士坦丁堡平起平坐的"肮脏的荣誉"。1862年，雅典开始使用煤气照明。1869年，今天的地铁始祖——连接赛西翁神庙和比雷埃夫斯港的火车正式开通。

然而，乔治一世并没有放弃以与前任相同风格的"装饰建筑"布满雅典的想法。除了学院和国家图书馆外，他还委托莱桑德·卡夫坦佐格洛（Lysander Kaftanzoglou）建造了一所笨重的理工学院，并委托了一对来

② 康斯坦丁·卡拉曼利斯：希腊新民主党的创始人，当过四次希腊王国总理和两次希腊第三共和国总统。

③ 安德烈亚斯·帕潘德里欧：泛希腊社会主义运动创始人和主席，曾三次担任希腊总理，他与康斯坦丁·卡拉曼利斯一同主宰了20世纪后半期的希腊政局。

自法国和丹麦的夫妇（弗朗索瓦·布兰热和西奥菲尔·汉森）建造了一座用来展览的建筑——扎皮翁宫（Zappéion），它以内部光彩夺目、异常明亮的圆形大厅保全了声誉。同时，1858年至1871年间建造的体育场街的前议会大厦，也正是出自同一位弗朗索瓦·布兰热。1874年到1935年，希腊的众议员便在这里出席会议，但后来因为以前的王宫而废弃。从1961年开始，这里便成了国家历史博物馆的所在地。

这些不同的“官方”的建筑，可以说，多半是由私人资金全部或部分资助的。而且这些官方建筑也不会被人们遗忘，尤其是在19世纪40年代至80年代，由少数富人在雅典建造的那些著名住宅，它们并不总能逃脱模仿别人的命运，但是它们至少有一个优点，那就是建造它们的灵感不仅仅来自古希腊，而是从多方面获得。我们只谈谈其中的两座：它们的价值来源于原来出名的主人们，也在于它们现在是著名的旅行目的地。

1841年至1848年间，斯坦蒂斯·克利西斯（Stamatis Kléanthis）建造了伊利西亚别墅（Villa Ilisia）。之所以这样称呼这座别墅，是因为它就坐落于伊利索斯河边，当时这条深受柏拉图喜爱的小河还没有被填盖。这座深受浪漫灵感启发的房子是按照伟大的托斯卡纳式别墅设计的，它现在通达（苏菲女王的）瓦西里西斯·索菲亚斯大街（Avenue Vasilissis Sofias）。它是由一位非凡的人物——皮亚琴察公爵夫人（duchesse de Plaisance）委托建筑师设计的。苏菲·德·马博伊斯·勒布伦（Sophie de Marbois-Lebrun）于1785年出生在费城，其父亲是法国驻美国总领事。她曾与法国外交官皮亚琴察公爵（duc de Plaisance）结婚，但最终分开了。她很早就参加了希腊的独立事业，于1830年去了纳夫普利翁（Nauplie），几个月后，在与卡波·德·伊斯特里亚（Capo d'Istria）闹翻后，她前往意大利。当雅典被晋升为新国家的首都时，她是最早在那里定居的人之一。她是一个性格古怪但有教养的女人，

位于希腊雅典的扎皮翁宫庭院

喜欢与艺术家和作家交往，对皇家夫妇和宫廷却只有蔑视，并且从未与他们有过丝毫关系——与她熟识的埃德蒙·阿布在一场小型喜剧的现场被勾起了这些回忆。这座经过翻修的别墅自1930年来成为拜占庭艺术博物馆（Musée d'art byzantin）。

另一座博物馆，即钱币博物馆（Musée numismatique），现在占用的是那座房子，或者更应该说那所宫殿（伊利乌·美拉龙〔Iliou Melathron〕，也就是特洛伊宫殿〔Palais de Troie〕，“Iliou Melathron”一词被谦虚地刻在建筑的正面），由现代考古学界最有名也最受争议的先驱之一海因里希·施利曼（Heinrich Schliemann）于1877年至1880年在大学街上建造。恩斯特·齐勒（Ernst Ziller）既没有选择工地风，也不模仿其他人，他选择了新文艺复兴风格的庞贝壁画。在这种"新里奇"风格的环境中，迈锡尼和特洛伊的发现者在其妻子索菲（Sophie）、孩子阿伽门农（Agamemnon）和安德玛奇（Andromaque）的陪伴下度过了生命中最后的几年。

现代雅典的发展更注重数量而非质量，而雅典的重生得益于考古学家而不是"古董收藏家"的工作。在1837年，一个由私人资金资助的考古学会成立了。由于任务重而人员少，巴伐利亚王国鼓励外国研究人员来此工作。法国雅典学院成立于1846年：师范学校的年轻学子埃德蒙·阿布是迪多街（Rue Didot）最早的寄宿者之一。这是国际合作的开端，自此之后，这种合作就再也没有停止过。这种合作仅在雅典进行，有德国人（在陶瓷公墓）和美国人（在阿哥拉）参加。

1835年，在路德维希·罗斯（Ludwig Ross）和基里亚科斯·皮塔基斯（Kyriakos Pittakis）的指导下（总是一个德国人和一个希腊人的搭配），伯纳德·霍尔茨曼所说的雅典卫城的"清理"工作开始了。通过19世纪50年代末用深褐色相纸拍摄的照片，人们可以了解工程的内容：三块巨大的圆锥状碎石竖立在山丘的南侧，使此景观呈现出沙漠和月球一般的外观，而且人们同样在此找不到人类的痕迹。这种清理工作持续了很多年，导致后来土耳其时期的遗迹（建在帕特农神庙中的清真寺）和法兰克时期的遗迹（在彼得·冯·赫斯的画作中仍可以看到的法兰克塔）的消失。这里的政治意图表现得过于明显。冒着删除雅典一大部分历史的风险，"清理"工作中任何介于伯里克利时期的雅典和奥托时期的雅典之间的东西都必须被清除。

在去希腊长途旅行的几年后，莫里斯·巴雷斯在其于1906年出版的《斯巴达之旅》中想象了"旅行者"与"寄宿者"之间的对话。旅行者（当然是巴利斯本人）愤愤不平道："你们有必要毁掉那些雅典公爵的皇宫吗？”“寄宿者”是一个普通人（不是某个法国学派的成员，而是典型的考古学家），他先用讽刺的口吻，后用浮夸的语气为研究人员的干预行为，尤其是为1875年拆除著名的法兰克塔的行为进行辩护：“我们有责任牺牲一切来解放菲迪亚斯的思想。”旅行者急忙用冷淡的语调揭露这种“谬论”：“你们只是创造了帕特农神庙的新状态，即它在1900年的状态。你们所清理的废墟是一个非常美丽的东西，但是没有任何一个生活在5世纪的雅典人，会在雅典庆祝节日的地方，认出这些浓妆艳抹、装饰华丽的宗教建筑。”人们幻想着另一个雅典卫城，“它将在我们的眼前呈现一道难以言喻的风景，如帕拉斯神庙（Temple de Pallas）、一座复杂的拜占庭小教堂、一个封建时期的城堡塔、一个穆斯林的米拉布和一座考古博物馆”。

可以这么说，只有罗马和希腊才拥有建立城市的权利。如果是这样，雅典的地位将是一座露天博物馆而不是一个城市。在地理层面上，它嵌套在现代城市里，城市选择围绕着它发展，部分甚至在其基础上发展而来。即使如此，人们也不会将古城与它混为一谈，因为它那时并没有真正地存在。那时在雅典卫城、亚略巴古或阿哥拉还没有节日，没有活动：当时还没有发明“声和光”。

然而，有一个地方介于过去和现在之间，在很早以前，古雅典和现代雅典就在这里共同存在和颤动，那就是帕那辛纳克体育场（Stade panathénaïque）。查尔斯·莫拉斯（Charles Maurras）在法国《宪报》上记述了1896年的奥运会，他使用了很多生动的描述方法：“它是一个躺在地上的U型，但是是倒置的。在平行的分支上和U形的底层环线上搭上了看台。当我们顺着环线和分支走到圆形剧场，它位于紫色和灰色且没有草地的山丘上，从这里吹来带着淡淡的薰衣草香味的风。最后，一条有着缓缓波浪的小河在U字形开口和盛开的油菜花之间流淌，这种罕见的波浪叫作伊利苏斯(Ilissus)。”

油画《帕拉斯神庙》，绘者不详

伴随着雅典娜女神节，体操比赛最初在阿哥拉举行，一直到公元前4世纪后才转移至比雷埃夫斯港附近的埃希里代（Echélidai）举办。如前文所述，公元前330年左右，莱卡古在离城市不远的一个被莫拉斯描述得非常美丽的地方修建了一座体育场。当时的看台是草地，与奥林匹亚的是一样的。两个世纪之后，得益于赫罗狄斯·阿提库斯（Hérode Atticus）（此人在雅典卫城南侧建立了一座音乐堂）的慷慨解囊，罗马人在此安装了大理石看台。

新政权为了回到过去并复苏古希腊文化的伟大时代，对此运动场及其遗迹并不在意，甚至可以说丝毫不在意。这一次，人们并不是要保护这些古迹，而是要保护一个充满历史的空间，在这里，他们可以肆意发挥。体育场街可以通向帕那辛纳克体育场（Stade panathénaïque），此体育场在几年之内就在现代雅典生活中占据了重要位置，甚至是核心位置。游行、体育赛事和各种庆典活动经常在这里举办。当顾拜旦男爵（Baron de Coubertin）心爱的现代奥林匹克运动会项目成形时，人们自然地转向了雅典和它的体育场。

人们认为还是要重新振兴一下这场宜人的乡村聚会，并找到一位新的赫罗狄斯·阿提库斯来资助这个工程。于是散居各国的犹太人又一次来帮助祖国了。在俄罗斯发了财的基奥斯·阿夫罗夫（Gheorghios Avéroff）是一个伊庇鲁斯人（Épirote），其真名是阿维耶里斯（Avyhéris），他提供了工程必要的资金：9.2万德拉克马金币。弗朗索瓦丝·哈奇（Françoise Hache）说：“这笔钱将由征收的捐税、公共捐款和出售纪念邮票的所得来补全。”

那些导游和百科全书，以一种感人的一致性向我们保证体育场是在1895年完全修复的：它在上述时间就已经准备就绪了。这似乎很难让人们相信，但如果不是这样，我们也不会在希腊了。莫拉斯用一段话让我们对事物有了更加真实的认识。他指出：“看台的第十部分刚刚完成。缺少的部分已经用使用过的木板，或者用白灰泥补上了，这并不是没有技术或缺少艺术性。用宽容的眼光看，这并不会令人不舒服。”2004年正是纪念运动会的100周年，阿韦罗夫体育场（Stade Avéroff）再次投入使用，人们见证了更多的奇迹。

1896年4月6日至15日举行的近代第一届运动会在乔治一世和整个皇室的注视下取得了不负众望的巨大成功。法国语言学家米歇尔·布雷亚（Michel Bréal）曾向顾拜旦表达过自己认为4月10日的马拉松比赛将会引起民众极大的热情，但事实上，是一个希腊人，即来自阿马鲁西奥（Maroussi）（后来亨利·米勒提到的那个村子）的年轻搬水工斯皮里登·路易斯（Spiridon Louys）赢得了比赛，直到今天，还有些人在质疑当时的情况。

正如活动见证者们了解的那样，1896年的运动会不仅加强了“希腊的民族情感”，还巩固了一直以来相当糟糕的君主制。运动会还使得希腊和雅典在国外更加知名。从此之后，雅典拥有了超过12万居民。莫拉斯自问道：“在这样一个小王国里，以这样的方式发展这么庞大的城市中心是不是很不谨慎呢？”这是一个很有针对性的问题，但是这个问题已经过时了。早在1896年，雅典就已经完全脱离了规划。在1922年“大灾难”的刺激下，农村人口外流，希腊人从别的国家涌入雅典，这些现象很难控制，这使得希腊首都在短短几十年之内变成了一个不断扩张且几乎无法管理的特大城市。

“大灾难”，即“i megali katastrophi”，这是希腊人对其历史上最悲惨的事件之一的称呼。人类过度的骄傲和野心勃勃（古希腊人称之为傲慢）会引起众神无情的愤怒。一个“伟大理想”与一场“大灾难”。现代土耳其的创始人穆斯塔法·凯末尔（Mustafa Kemal）则扮演复仇之神的角色。

乔治一世奉行和前任一样的政策（但他真的有选择吗？），在国家内部，他实行的是一种国家收买人心的政策。莫拉斯没有像30年前的戈比诺那样逃避：“《法兰西报》的特使预言，这个沦为供应者和喂养者的国家，将不可避免地出现内乱。”在国家外部，为了使人们忘记经济上的苦难和党派的对抗，他对奥斯曼帝国采取了挑衅的态度，以使领土收复主义的要求得以实现。

1897年，希腊为了帮助克里特岛人的起义而发动了希腊—土耳其战争，在可悲地战败后，希腊又在1912年和1913年的两次巴尔干战争中取得了巨大的胜利，这使得希腊的国土面积增加了将近70%，人口数量从280万增加至480万。如果对马其顿的分裂感到不满的保加利亚（Bulgarie）不与塞尔维亚（Serbie）和希腊这两个盟友反目成仇的话，土耳其就不会夺回阿德里安堡（Andrinople），他们今天就很难说自己是“欧洲人”。

1913年3月，乔治一世在塞萨洛尼基被一个精神失常的人谋杀了，他的儿子君士坦丁一世继位。作为“希腊的王太子”（即王储），他展现出了不可否认的军事才能。但当第一次世界大战爆发时，他与柏林的关系，即他与威廉二世（Guillaume II）的妹妹的婚姻使得他与首相埃莱夫塞里奥斯·韦尼泽洛斯（Élefthérios Vénizélos）意见相左，因而他选择了中立。现代希腊历史上一个非常动荡的时代随之而来，此时期被称为“国家大分裂”。国王最终流亡，但是没有退位，他的次子亚历山大于1917年6月取而代之。得益于韦尼泽洛斯巧妙的政治手段，他于1918年坐上了战胜者的宝座。

1920年签订的色佛尔条约（Traité de Sèvres）对希腊非常有利：有一点尤为明了，那就是希腊最终获得了吞并士麦拿（Smyrne）地区的可能。“伟大理想”终于要实现了吗？这种幻觉很快就消失了。土耳其民族主义者在穆斯塔法·凯末尔的领导下，在伊斯麦特·伊诺努（Ismet Inönü）的帮助下拿起了武器。在远方大国的鼓励下，希腊决定进行干预。他们派兵到安那托利亚，但最后在那里被击溃，这是1812年俄国战役中一种战略的翻版。这场被土耳其人称为独立战争（历史的讽刺）的冲突结束后，1923年，雅典在洛桑（Lausanne）签订了第二个条约。它预示了人类有史以来最大规模的人口流动之一：110万希腊人被迫从土耳其返回希腊，38.5万土耳其人从希腊返回土耳其。此外，还有近10万希腊人逃离革命的俄国和保加利亚。这些难民中有很多是妇女和儿童，他们往往只会说土耳其语，正如路易斯·德·伯尼尔斯（Louis de Bernières）在他的精彩小说《没有翅膀的鸟》（Des oiseauxsans ailes）中描述的那样。有超过20万人挤在雅典，然而雅典却一点儿没有预料到他们的到来。

人们临时安排难民们的去处，在城市周边、海默特山侧和平原上设立了难民区："拜伦"区和"辛格鲁"区。正如奥克塔维安·梅里埃所描述的那样，"房屋一栋栋叠在一起，呈平行线排列，就像我们在城市北部矿区和多佛尔海峡（Pas-de-Calais）的矿工宿舍一样"。即使在今天，很多地名也保留着希腊人遭受可怕不幸的痕迹：例如新士麦那（Néa Smyrni）。

难民们随身带来了自己仅有的东西：食物和歌曲。他们很快被称为"giaourtovaptismeni"，意为"在酸奶中洗礼"的人。正是从这一时期开始，这些美味食物出现了，其新鲜的口感是雅典炎热夏季的最佳良药。也正是在这一时期，一种名为"rébétiko"的迷人音乐也开始从士那多的混乱的街区中传播开来。我很多年前就听过它，和雅克·拉卡利耶尔（Jacques Lacarrière）的情况差不多。这种音乐与民俗毫不相关，例如人们互相牵着的小手以及摇动的红手帕。这是一种严肃的音乐，沉重的节奏仿佛在不断的失衡中，既表达又消除了生活的痛苦。

由于这种意外的涌入，雅典的人口急速膨胀，1908年是15.2万，仅20年之后就超过了60万。城市最终在无序的状态下安顿下来，甚至这种中心狭窄、郊区扩张的状态持续至今。德鲁·拉罗谢尔（Drieu la Rochelle）在其小说《窗前的女人》（Une femme à sa fenêtre）（1930年出版）中便是如此毫无喜爱之情地描述的，这部小说中的大部分情节以及窗户本身，都位于著名的大布列塔尼酒店中。保罗·莫兰在他众多游记中的一篇，即《地中海——这片惊喜之海》（Méditerranée,mer des surprises）中，专门匆匆为其写下两到三页文字，他在权衡利弊之后得出结论："我不愿意住在雅典。"太多的灰尘，太多的热量……还有过多的博物馆。

虽然评价不同，但还是有特别多的人光顾雅典卫城，首都在两战期间没有显著的变化，雅典卫城被迫适应"希腊式"权力游戏现在的古典节奏。亚历山大于1920年死于猴子咬伤，就在签订《塞夫勒条约》（le traité de Sèvres）之后两个月。韦尼泽洛斯和康斯坦丁的新一轮对抗在王座上重新展开。1922年9月，在支持前者的士兵们的煽动下，一场政变迫使后者认输让位。随后，康斯坦丁的长子乔治二世继位。在军方完全不知道的情况下，乔治二世被迫于1923年12月离开希腊，开始一段"长期休假"，直到1935年才回来，不过只是为了在第二年把实权转交给梅塔克萨斯将军（général Métaxas）。

然而，第二次世界大战已经迫在眉睫。梅塔克萨斯曾希望通过对英国人表示善意的中立态度，将希腊置于冲突之外。但墨索里尼（Mussolini）因为急于向希特勒（Hitler）证明自己的价值，决定不这么做。1940年10月28日，他向雅典发出了耻辱的最后通牒，但立即遭到拒绝，于是战争就此爆发。希腊人的大力反击迫使意大利人比以前更快地越过边境进入阿尔巴尼亚，但德国人以无比高的效率介入其中。1941年4月23日，雅典沦陷了。

德国人的掠夺手段特别严厉，对农业资源的掠夺给人们带来了可怕的后果。在1941—1942年的冬天，雅典街头都是快饿死的人，就像科斯塔斯·费里斯（Costas Ferris）的精彩电影《Rébétiko》（1983年）中所回忆的那样：他在电影中不加奉承地描述了一位希腊人伊迪丝·皮亚夫（Edith Piaf）在战前、战中和战后的动荡生活。但要战胜希腊人还需要更多的努力。5月31日，两位勇敢的人——阿波斯托洛斯·桑塔斯（Apostolos Santas）和马诺利斯·格列索斯（Manolis Glezos），在夜里爬上雅典卫城的北墙，撕下了飘扬在城市上空的纳粹旗帜，他们俩的功绩被记录在一块牌匾上。

反抗势力很快在全国范围内建立，但很快分裂为两个阵营，最初他们是竞争对手，而后从1943年10月变成了激烈的敌对关系：一边是希腊民族民主联盟（EDES），我们可以简单称其为右派（或正统主义者）；另一边是民族解放战线（EAM）与武装翼希腊人民解放军（ELAS），事实上是一个由希腊共产党领导（KKE）的组织，即使它远非共产主义。卡赞扎基斯（Kazantzakis）在他那部鲜为人知的小说《敌人兄弟》（Les Frères ennemis）中，提到了由此引发的内战，这场战争在希腊内部一直持续到1949年，造成了15万人以上的死亡。

1944年12月，对抗在雅典街头达到了顶峰，在几个星期的激战中，希腊人民解放军在英军的支持下与希腊政府军展开了战斗。如果不是丘吉尔的不妥协，如果不是他坚决执行两个月前与斯大林商定的将巴尔干地区划分为“势力区”的决心，希腊很可能在当时就进入了人民民主国家的阵营。

希腊花了很长时间才恢复过来。和西班牙一样，内战给许多家庭造成了无法弥补的伤害。希腊在经济上已经枯竭了，但逐渐地，由于外援、国家贸易的发展和旅游业的发展（可以被认定为大众旅游），这个国家及其首都终于开始进入现代化。但是政治不稳定，希腊的这个老毛病又开始发作了。1967年，在一位“四分之一混血儿”上校的煽动下，雅典又发生了新的政变。对于经历过许多艰难岁月的希腊来说，这些年又将是沉重的，伴随着一种怪诞的、显著的爱国主义宗教政权的建立，希腊除了有最残酷的警察暴行以外，还高举着古希腊和所谓的希腊主义价值观。

1973年，大学生们占领大学以示抗议，但是被无情镇压了。11月16日至17日夜间，上校们开动了坦克。人们永远不会知道确切的遇难者人数：似乎是超过12人死亡，有很多人受伤。但是，如果说这有什么贡献的话，便是上校们突然倒台了，但那其实并不能归功于雅典青年的英雄主义，而是因为上校们对塞浦路斯危机的灾难性处理。被美国抛弃后，他们不得不在1974年7月可怜地辞职。从此，希腊的政治生活在某种程度上恢复了平静。与此同时，希腊摆脱了国王（君士坦丁二世，他在1964年继承了父亲保罗的王位）及君主体制。希腊终于可以做自己了。

希腊于1981年加入欧盟，但其实并没有改变任何本质上的东西。今天的雅典已有3000年历史，仍然显现出了与保罗·莫兰所认识到的同样的魅力和弊病。但是它的实力却更强了。就像盖伊·伯格尔（Guy Burgel）描述的那样，“对于如此柔弱的身体来说，头显得过重了”，雅典聚居区目前有近380万人口，占希腊人口的34%。

2004年雅典举办奥运会，虽然进一步扩大了国家的赤字，却使雅典在城市规划方面迎头赶上。雅典新机场的地理位置更加优越，在东北部，而不再是南部。它服务于主郊区的地铁线路至今被忽略，它有着比中心区更加合理的交通规划。污染一直存在，夏天尤为严重，虽然人们不再将其视为灾难，但是那朵臭名昭著的云（néphos）并没有真正消失。（我们能做些什么呢？）

另一项与主办奥运会有关的创新，是在2004年推出的，但受到的关注太少——城市变为双语城市：街道名称和车站名称此后都由希腊语和英语书写。但这并不意味着不需要学习基本的希腊语，尤其是当人们不一定需要说英语的时候。“雅典真正的魅力，”奥利维尔·罗林如是说，“在于语言。”人们至少要尝试掌握字母表，然后尝试破译电影海报上的演员名字，这样就能很快推断出主要的发音规则，而真正的雅典之旅，环游各种雅典的旅行，就终于可以开始了……但前提是您能幸免于自2010年春季以来，影响国家和首都的反复的罢工行为。

现代雅典经历了多年的管理不善，这点左派和右派负有同等责任，例如欧洲的补贴主要被用作选举金。希腊现在发现自己正处于深渊的边缘，经历着一场接一场的示威游行、一个接一个的紧缩计划。雅典卫城上，充满激情的横幅标语挂满了其侧翼，当然这都是无用功。谁能阻止雅典的衰落？几个月以来，雅典市中心有上千家商店关门。到了晚上，很多酒吧，很多不久前还有人在此讨论过的餐厅，桌子上却空无一人。新的考验即将来临，我们知道这很可能是一场漫长的考验。但是，雅典在3000年的历史中，已经经历了这么多，也克服了这么多！

译后记

雅典，提及这座城市，总是让人心怀敬畏。古老与摩登，神秘与现实在此处碰撞出激烈的火花，令人不禁好奇这座城市的过往。是怎样的一座城市孕育出对后世民主政体产生深远影响的独特民主思想？是怎样的一座城市熏陶出如此辉煌的哲学、艺术及文化成就？又是怎样的一座城市，强权环绕，却脱颖而出？怎奈命运跌宕起伏、险象环生，它曾站上地中海世界之巅，也曾跌入谷底遭到肆意洗劫与破坏。雅克·伯萨尼这本书便给一切问题带来了答案。

雅克·伯萨尼遵循着经典的时间顺序，将雅典上下近3000年的历史划分为七个时期，运用生动形象的语言，寻觅最真实的历史记载与资料，使我们仿佛亲临雅典历史的风云变幻之中，感受这座古老城市自起源至今的沧海桑田。作者在描写过程中，除了关注城市蜕变之外，还特别注重历史的延续性，他试图追寻这座城市的连续状态，从古雅典开始，到希腊化的雅典、罗马时期的雅典、拜占庭时期的雅典等等，再到雅典如何一步步发展到现今。

正如作者所说，长久以来，很多专家学者对于雅典这座城市，都只关注古代雅典，更确切地说是只关注伯里克利统治时期的雅典，而那段历史只有短短30余年。这使雅典脱离了历史的长河，成为一座无始无终的城市，希腊“黄金时代”不过成为一段既无前史考究、又无后续发展的空谈。而我想，这也是作者起笔此书的初衷之一，即试图还原那段被忽视、甚至被“加以修饰”的历史。在我们的心中或许已有一个雅典，一个我们已知或者认为已知的雅典，但手中的这本书或许会使她的形象更加立体、更加生动，甚至有所改变。除此之外，这部关于雅典历史的书籍有时还会以旅行故事的面貌或语气出现，使得像我一样好奇的读者在阅读完之后，都会萌发出想去看看或再去看看这座具有多副面孔的城市的冲动。

本人在求学时有幸修读了国际关系的相关课程。在学习的过程中，我深谙古希腊对于国际关系理论发展的重要性，也十分醉心于古希腊文化艺术的研究。2019年，我有幸前往巴黎索邦大学文学院历史系学习。在学习过程中，我有幸结识了 Ariane Guieu-Coppolani 教授并选修了她的古希腊政治与经济课程，在老师的带领与帮助下，我汲取了大量有关希腊世界的文化知识，学习了很多战争背后蕴含的利益纠葛与深刻哲理，这为我后续的翻译工作提供了极大的便利与帮助。

在翻译过程中，我所据的法文原著是：BERSANI Jacques, Histoire

d'Athènes: Des origines à nos jours, Paris, Tallandier，2011。作者雅克·伯萨尼曾是高等师范学院的学生，在担任国家教育监察长之前，曾在雅典大学从事高等教育工作，是一名法国现代及当代文学专家。我很荣幸能翻译雅克·伯萨尼老师的书，希望没有因我的翻译之失，使这部作品失去韵味。

最后，特别感谢我的老师、家人和朋友们对我此次翻译工作的帮助、支持和关心，我也尽自己所能地斟酌用词、检查勘误，希望能够呈现给大家一部好的作品。但不可否认，由于本人的水平有限，文中难免存在舛误，敬希各位读者老师和朋友们指正，万分感谢！

2020 年 8 月 28 日